CW01263508

Suas gu Deas
Two Hebrideans walking from the Butt to Barra Head

ANGUS PETER CAMPBELL *and* CAILEAN MACLEAN

THE ISLANDS BOOK TRUST
Urras Leabhraichean Nan Eilean

Published in 2009 by The Islands Book Trust

www.theislandsbooktrust.com

ISBN: 978-0-9560764-3-4

The right of Aonghas Phàdraig Caimbeul to be identified as author of this work and the right of Cailean MacIlleathain to be identified as the photographic illustrator of this work has been asserted by them in accordance with the Copyright, Designs and Patent Act, 1988.

© Aonghas Phàdraig Caimbeul and Cailean MacIlleathain, 2009

British Library Cataloguing in Publication Data: A CIP record for this book can be obtained from the British Library.

All rights reserved. Other than brief extracts for the purpose of review, no part of this publication may be reproduced, stored in a retrieval system, or transmitted in any other form or by any means, electronic, mechanical, photocopying, recording or otherwise without the prior written permission of the publishers. This book may not be lent, hired out, resold or otherwise disposed of by way of trade in any form of binding or cover other than that in which it is published, without the prior consent of the publishers.

Chuidich Comhairle nan Leabhraichean am foillsichear le cosgaisean an leabhair seo.

Cover photographs by Cailean MacIlleathain
Book and cover design by Jim Hutcheson

Printed on Forest Stewardship Council-accredited paper by the MPG Books Group, Bodmin and King's Lynn

FSC — Mixed Sources
Product group from well-managed forests, controlled sources and recycled wood or fiber
www.fsc.org Cert no. TT-COC-002303
© 1996 Forest Stewardship Council

The Islands Book Trust
Ravenspoint Centre
Kershader
South Lochs
Isle of Lewis
HS2 9QA
Tel: 01851 820946

LIVING HISTORY
THE ISLANDS BOOK TRUST
URRAS LEABHRAICHEAN NAN EILEAN

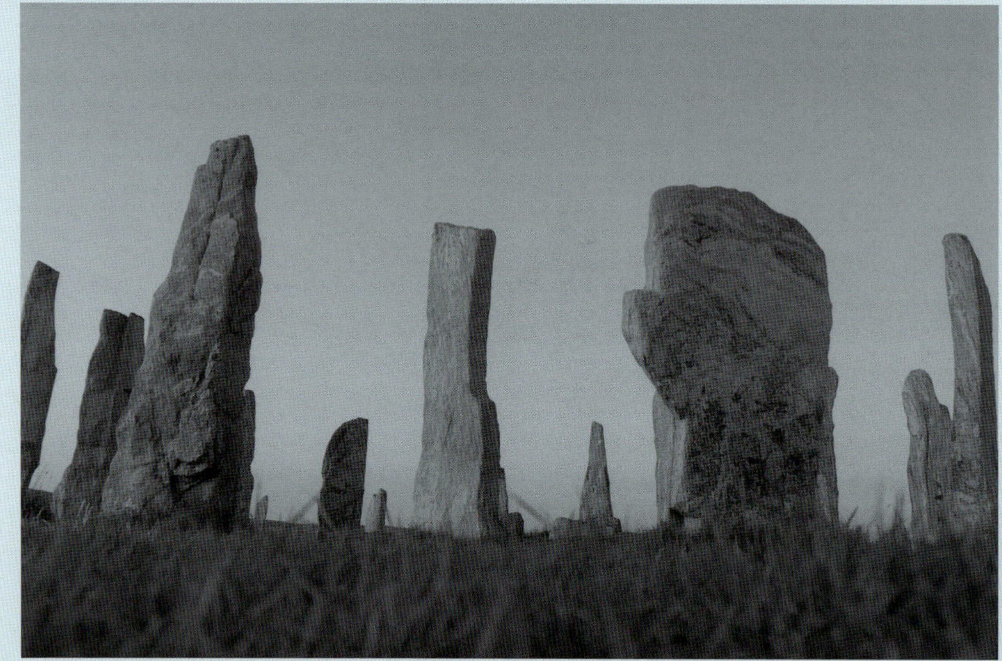

FACAL-TOISICH

Bha a' chuairt-choiseachd seo fada san dèanamh: nas fhaide na bha a' choiseachd fhèin! Ghabh sinn an sgrìob mu dheireadh thall as t-samhradh 2007 às dèidh bruidhinn mu dheidhinn son iomadach bliadhna.

B' e ar miann daonnan a dhol air ais a cheann-a-deas Uibhist-a-Deas, far an do rugar an dithis againn 's far an deach ar togail – mise anns An Leth Mheadhanach an toiseach 's an uair sin air Trosaraidh, agus Cailean beagan mhìltean gu tuath, an toiseach ann an Dalabrog agus an uair sin a-muigh ann an Loch Baghasdail.

B' ann anns na 50an agus tràth anns na 60an a bha seo, ann an Uibhist a' Chinn a Deas a bha fhathast anns a' chumantas gun mòran dhe na goireasan iongantach ris a bheil sinn uile cho cleachdte an-diugh. Nar dachaigh fhìn anns An Leth Mheadhanach, mar eisimpleir, cha robh uisge no dealan, ach an Tilley agus a' phucaid, ach 's e sgeul a tha sin a bha cho cumanta 's nach d' fhiach a dhol a-steach innte.

Bha a' choimhearsnachd – no na coimhearsnachdan – anns an robh sinn a' fàs suas, ge-tà, fhathast làidir agus fallain ann an iomadach dòigh a dh'aindeoin bochdainn gu leòr is cruadal. Bha teaghlaichean faisg; bha nàbachd ann; bha a' Ghàidhlig cho nàdarra ri mòine an t-slèibh. Bha eòlas agad air cò bhuineadh do chò - air sloinnidhean - agus mar sin bha eòlas agad air daoine agus air eachdraidh, agus mar sin math dh'fhaodt' ort fhèin.

Bha an taigh 's am baile 's an eaglais 's an sgoil ann, agus dhòmhsa co-dhiù bha mo shaoghal mar gum bitheadh eadar An Lùdag mu dheas gu timcheall Àisgearnais mu thuath – astar de dhusan mìle no mar sin. Bha mi eòlach air An Lùdaig, oir rugadh m' athair an sin, agus bha bràthair m' athar, Niall Mòr Aonghais Nìll, a' ruith an aiseig à sin a dh'Èirisgeigh agus a Bharraigh, às an tàinig mo sheanair agus mo sheanmhair. Bha mi eòlach air Àisgearnais dìreach on aon latha sa bhliadhna a bhiodh sinn a' dol an sin, chun nan Geams, a dh'fhaicinn Eachann Stab is eile a' carachd 's a' tilgeil na cloiche.

Eadar an dà cheann sin bha an sgoil, a thug dhuinn eòlas an ama air an t-saoghal mhòr, ann am Beurla: na mapaichean fhathast gorm is pinc is uaine le Ìmpireachdas.

Calanais Stones, Isle of Lewis

Sgeula leat, a Thruiseil mhòir,
Cò na slòigh bh' ann ri d' aois:
Robh thu ann linn nam Fiann,
Am fac thu Fionn, Fial, no Fraoch?

Norman Murray, 'Laoidh an Truisealaich' (Habost 1867)

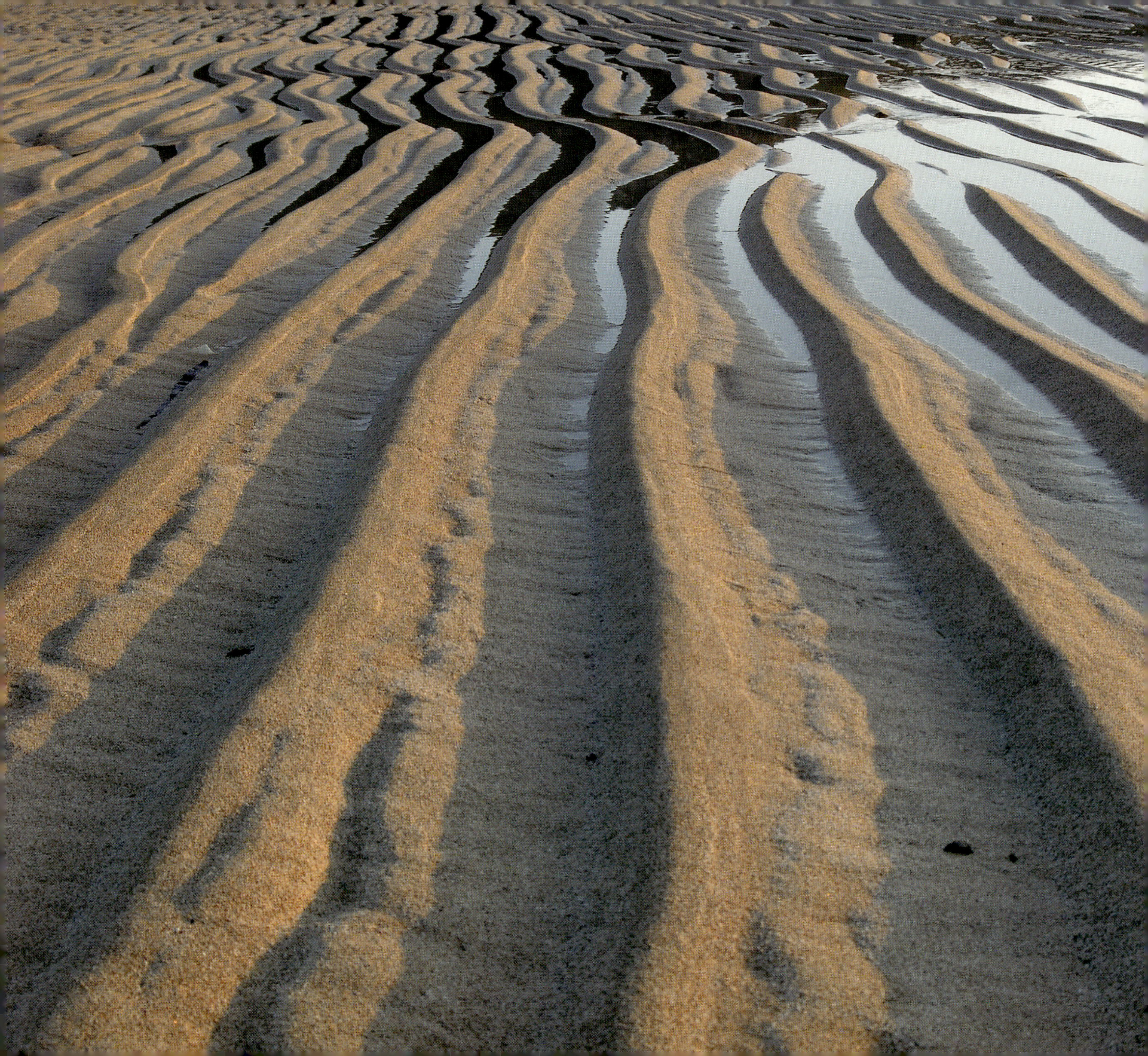

Tràigh Dhaile Mòr

Saoil an till mi chaoidh

Ged is fhada thall tha mi 's gun ghanntachd air
mo stòr,
B' e mo dhùrachd bhith measg ghleanntan is
bheanntan Eilean Leòdhais:
Tha dùil agam bhith ann mun tig feasgar fann
mo lò
Is lùiginn bhith air m' adhlaiceadh aig Ceann
Tràigh Dhaile Mòr.

A bharrachd air a sin, cha robh mòran для agamsa dhen t-saoghal mhòr a' fàs suas, oir bha seo ro linn na rèidio agus telebhisein, ged a bha wireless againn mu dheireadh thall ann an Trosaraidh agus sinn ag èisteachd gu dùrachdach ann am meadhan na h-oidhche ri Cassius Clay a' cur às do Shonny Liston!

An-dràsta 's a-rithist chitheamaid neach-turais air choreigin a' dol seachad air baidhsagal, agus tha cuimhn' a'm air cuid dhiubh stad le camara agus a' togail dealbh. Bha Antaidh agam cuideachd a bhiodh a' tighinn à tìr-mòr agus a bhiodh a' togail dhealbhan-camara, ach a bharrachd air a sin cha robh tuairmse sam bith agam air a' bhuaidh a bhiodh aig a' mheadhan seo air mo bheatha fhìn – air ar beatha uile.

Ach tha cuimhne nas fhèarr aig Cailean, agus gu dearbha saoilidh mi gun robh camara air choreigin anns an taigh aca, oir tha e air dealbh-camara no dhà a shealltainn dhomh a chaidh a thogail le a bhràthair Ùisdean tràth anns na 60an aig Hampden Uibhist – Cairiseabhal! An sin, chì thu seòid òg na sgìre leithid Donaidh Dhòmhnaill Bhròdaidh a' leigeil orra gum b' e Denis Law is Lev Yashin a bh' annta, agus nach àraidh an crowd a tha gan coimhead – crodh muinntir Bhaghasdail!

Nuair a thig e gu dealbhachadh, tha eachdraidh fada agus àraidh gu leòr air Gàidhealtachd agus Eileanan na h-Alba. 'S fhad' o chian on a thadhail diofar luchd-turais is luchd-sgrìobhaidh is luchd-cruinneachaidh is luchd-dheilbh air na h-Eileanan, agus ged a bha iomadach curaidh gasta nam measg, leithid Mhàrtainn Mhàrtainn agus Alasdair MhicIlleMhìcheil agus Frederick Rae, bha gu leòr ann cuideachd a thàinig a choimhead air na h-eileanaich mar species fa leth. Cha d' fhiach an ainmeachadh, ach cha b' e sgiobaidhean telebhisein bho dheas a' chiad fheadhainn a làimhsich sinn mar annas.

Ach ann an 1954, nuair a bha mi fhìn agus Cailean an Dotair dìreach dà bhliadhna a dh'aois, thàinig fear a dh'Uibhist-a-Deas a thogail dhealbhan a bha diofraichte. B' esan Pòl Strand, a rugadh ann an New York ann an 1890, agus chuir e seachad trì mìosan air feadh Uibhist agus cuideachd ann am Beinn a' Bhadhla a' togail dhealbhan a dh'fhàs anns a' bhad gu math ainmeil agus iconic.

ANGUS PETER CAMPBELL & CAILEAN MACLEAN

B' e sàr-dhealbhadair ainmeil a bh' ann an Strand mus tàinig e a dh'Uibhist, agus tha e follaiseach bho na dealbhan aige gun robh spèis mhòr aige dha na daoine agus dhan àite. Tha fìnealtas agus ealantas na dhealbhan a tha anabarrach. Tha uaisle agus urram fighte annta, agus mar thoradh air a sin tha e toirt inbhe agus stàtas dha na daoine a tha dìreach snasail.

Chan urrainn dhomh gun leabhar Strand, fon ainm *Tìr a' Mhurain* – a nochd ann an 1962 – a chur taobh ri taobh ris an leabhar ionmholta ud eile a nochd caran mun aon àm: an leabhar aig Maighread Fay Shaw, *Folksongs and Folklore of South Uist*. Eatarra, chuir iad Uibhist air a' mhapa mar àite a bha torrach a thaobh beul-aithris agus bòidhchead. (Cha mhath dìochuimhneachadh gun robh iomadach Gàidheal, leithid KC Craig, Iain Latharna Caimbeul, Compton MacCoinnich, Calum MacIlleathain is eile a cheart cho cudromach anns an t-seagh seo.)

Ach nuair a nochd leabhar Strand, tha fhios gun tug e cliù no co-dhiù aithne eadar-nàiseanta do dh'Uibhist? Am measg na feadhainn a fhuair copaidh dhen leabhar anns na 60an bha mo dheagh charaid Cailean MacIlleathain, agus thug e uimhir a bhuaidh air 's gu bheil e fhèin air deagh chuid dhe bheatha a chur seachad a' togail dhealbhan-camara.

Mar a dh'obraich cùisean a-mach, dh'fhàg Cailean agus mi fhìn Uibhist airson foghlam, mar a dh' fhàg iomadach òganach eile aig an àm agus romhainn agus às ar dèidh, ged a rinn sinn cuideachd an gnothach air tilleadh ann airson ùine anns na 70an. Bhon uair sin, a-rithist mar thuiteamas, tha an dithis againn air a bhith a' còmhnaidh anns an Eilean Sgitheanach – mise a-rithist aig deas, ann an Slèite, agus Cailean le theaghlach mu thuath ann am Bràcadal.

Gu tric nuair a choinnicheamaid, bhruidhneadh sinn air tilleadh uaireigin a dh' Uibhist son cuairt a ghabhail, son coinneachadh is bruidhinn ri daoine, agus airson dealbhan a thogail. Ach airson diofar adhbharan – ùine is cosnadh is teaghlaichean is eile – cha do thachair e riamh, ach mu dheireadh thall fhuair sinn agus ghabh sinn an cothrom a' chuairt seo a dhèanamh.

An toiseach, cha robh gu bith ann ach sgrìob tro làraichean ar n-òige, ach mar a bhruidhinn sinn air, leudaich sinn e a-mach gu Uibhist-a-Deas gu lèir; an uair sin thug sinn a-steach Beinn a' Bhadhla; "Uibhist-a-Tuath cuideachd," thuirt feareigin againn…; agus Èirisgeigh …; agus

SUAS GU DEAS

To be one's own element …
Norman MacCaig, 'Absorbed'

Barraigh … ; agus na Hearadh … ; agus Leòdhas … agus mu dheireadh thall anns an Iuchar 2007 ghabh sinn a' chuairt, mise le màileid agus peansail is jotter, agus Cailean le màileid is camara.

Thòisich sinn aig a' Bhuta Leòdhasach agus choisich sinn eadar dusan agus ochd mìle deug gach latha gus an do ràinig sinn Miughalaigh aig a' cheann thall (fhuair sinn sgoth ceart gu leòr o Bhàgh a' Chaisteil a Mhiughalaigh!). Thug e ceithir latha deug, agus mas math mo chuimhne bha gach latha blàth tioram, gun mheanbhchuileagan! Cha do shil i ach aon latha – creid thusa gum b' e sin an latha a bha sinn a' coiseachd tro mo bhaile fhìn, An Leth Mheadhanach! Ach fhuair sinn fasgadh agus tì agus cèic o Agnes Dhòmhnaill Aonghais 'Ic Eachainn a bha a' cumail pàrtaidh co-latha-breith dìreach nuair a bha sinn a' dol seachad san dìle dheàrrsach!

Lean sgioba beag bho MacTV sinn cuideachd air ar cuairt, agus bu mhath leam deagh thaing a thoirt dhaibh airson am misneachd agus an taic – gu sònraichte do Dhonnchadh 'Punk' Dòmhnallach à Stafain san Eilean Sgitheanach, a chùm sinn ann an gàire, agus do Mhànus Greumach à Breacais san Eilean Sgitheanach, a chùm sinn ann an speuclairean-grèine. Ar taing cuideachd do dh'Anna Mhoireasdan às na Lochan, an Riochdaire, agus Donnchadh MacFhionghain à Slèite a tha ag obair aig MacTV, a chùm sinn ann am biadh is teachd na h-oidhche.

Tha iomadach deagh chuimhne againn air an sgrìob – O, cho fìor bhrèagha agus a bha tràighean taobh siar na Hearadh an latha a choisich sinn orra; cho fìor mhath agus a bhe e coinneachadh le daoine coibhneil còir leithid Mòr NicLeòid ann am Brù agus Mòrag NicLeòid ann an Sgalpaigh; cho iongantach agus a tha Eaglais Ròghadail; cho àlainn agus a tha machraichean Uibhist …

Bha crac math againn, agus tha mi an dòchas gun còrd an leabhar a tha seo ribh mar thoradh air an sgrìob a ghabh sinn. Tha sinn an dòchas gum bi e mar chuairt dhuib' fhèin cuideachd, ann an cuimhne, anns a' mhac-mheanmna agus anns an dà-rìribh.

Aonghas Phàdraig Caimbeul

XI

This walking journey, finally undertaken in the summer of 2007, was a long time in the making. My friend Cailean Maclean and I were born in the same year, 1952, at the south end of South Uist – Cailean in Daliburgh and I in South Boisdale – and our territory is very much that small part of the universe which stretches from about Askernish down to Ludag.

As a child growing up in South Uist in the 1950s and 60s this was very much my world: as The Fool in the old story so eloquently put it when asked by The King, "Now tell me where is the centre of the earth?" – "Right here," he said. "Right here, beneath my feet."

That space beneath our feet of course expanded and contracted depending on circumstances. Sometimes, as I lay in the box-bed, the space from the pillow to the wooden end-stead was the whole world; at other times, as I went outside to pee in the pre-dawn light beneath the early morning stars, the remote galaxies were like a distant village, just beyond the horizon.

I am now, of course, recalling or remembering childhood rather than living it. Which may be the same thing. Time, like memory, is fluid rather than fixed, and these memories are of people, events and landscapes which remain un-fixed. The people are the people of my own village and *sgire* (district); the events are school and church and football; the landscapes are machair and moor. Home and family were givens, the cocoon out of which all was perceived and experienced.

The people, in my memory, are permanently alive and young: even the old illuminated by the grace of timelessness. Some of them herd cows; women brush flour from their aprons; many of them are scything or gathering hay or placing peats in perfect stacks. The sun, of course, is always shining.

The events – school and church and football – were communal rather than individual. I have no recollection of school being about individual learning – you learned in a class, cribbing from the boy beside you, giving the answer (two and two made four) to the girl behind. Church, of course, was communal in the sense that you worshipped together, recited the liturgy together, genuflected together, and believed together. The Protestant notion of individual salvation never entered my head: we were all in it together.

Because of the particular geography of South Uist, the landscapes seemed to me to be divinely divided: to the east the moorland, to the west the sea. On the *sliabh* (moorland) to the east were the peat-banks and where the sheep and cattle grazed in the summer months. On the machair to the west was where food and beauty grew: my permanent recollection is of fields abundant with hay, corn, barley, potatoes and poppies.

All these memories, of course, are selective and indeed constructed, as all memories are: but none the less truer for that. I could as easily drum out alternative memories, of poverty, and rain, and wind, and that time we left South Uist for the mainland, leaving it all behind but of course taking it all with us, but these seem to me like things which have shaped me less. Maybe it's just the simple fact that, like most of us, I prefer the sweet to the sour.

Not that I was aware of it then, but into that place and time came a photographer who in a sense is responsible for the journey Cailean and I have undertaken. He was, of course, the American photographer Paul Strand who came to South Uist in 1954 for three months to take photographs which were later published in 1962 in the now classic book *Tìr a' Mhurain*.

These photographs are of weather-beaten faces and hands; of young freckle-faced boys and girls; of horses and boats and thatched houses and plates on dressers. They are photographs which, when a young Cailean Maclean saw them in print, shaped the course of his life – he himself became a photographer.

They are photographs filled with dignity, or at least all the people who stare out at you from that eternal black-and-white world do so with dignity: my own uncle, Niall Mòr Aonghais Nìll Aonghais Iain Mhòir, with a cigarette in his hand given to him as a prop by Strand (Niall Mòr never smoked); Kate Steele, in her shawl, who could as easily have been a woman photographed in southern Spain or Sicily; John Paul MacDonald in his v-necked pullover and cap standing in front of his tractor.

It was certainly the first time that Cailean Maclean and I – and no doubt the vast majority of the South Uist people – saw ourselves externally validated. It's not that Hebrideans had never been photographed – my goodness, from the late 19th century onwards, it seems you could hardly move on St Kilda, for instance, without stumbling over a photographer, but somehow Strand was different. The vast majority of other photographers seemed external. Strand managed to seem internal, as if he was photographing from the inside.

It may be that this was simply due to his politics – he was a friend of the working-classes; his sympathies lay with the so-called wretched of the earth; his heart, basically, loved the poor and the simple. Art, you see, is never apolitical – it always reflects and verifies a class position. Strand's empathy ensured that the people's intrinsic worth was secured.

Like many of our generation (and of course like very many of previous and ensuing generations), Cailean and I then left South Uist in the mid-1960s to go to High School – Cailean in Edinburgh, and I in Oban. We then went to University (Cailean studied Geography, while I studied History and Politics), but unlike many of our generation, we then also managed to come back to South Uist for a while to work in the 1970s and 1980s. Since then, coincidentally, both of us have lived and raised families and worked on the Isle of Skye, where we still live.

Through these years we often talked about returning to the childhood territory, for the very average reasons that anyone would wish to do so – to meet up with old acquaintances, to re-visit loved and familiar places, to re-align ourselves with our past. The notion was always to spend several days in the south end of South Uist, but when we finally got round to seriously talking about and setting aside time to do it, we stretched the Eden that we knew to include, first of all, the whole of South Uist, and eventually the whole of the Western Isles, from the Butt of Lewis in the north to Mingulay and Barra Head in the south.

On reflection, it was entirely the right decision, and not merely because we thereby got the opportunity to meet more people and visit more places, but for the more important existential reason that, through our working lives, the miniature territory of our childhood

Calanais Stones, Isle of Lewis

The most remarkable Stones in Number, Bigness, and Order, that fell under my Observation, were at the Village of Classerniss …. I enquir'd of the Inhabitants what Tradition they had from their Ancestors concerning these Stones; and they told me, it was a Place appointed for Worship in the time of Heathenism, and that the chief Druid or Priest near the big Stone in the center, from whence he address'd himself to the People that surrounded him

Martin Martin, *A Description of the Western Isles of Scotland* (1716)

had become the slightly larger territory of our maturity. To put it more simply, the south end of South Uist was/is only the first step to being world citizens.

Our walking journey itself took 14 days, beginning on a mist-filled Saturday morning at the lighthouse at the Butt of Lewis and finishing on a glorious sun-drenched Sunday on Mingulay. We walked between 10 and 18 miles per day, mostly trying to avoid the main roads, and had some heavenly days: the beaches on the west coast of Harris come to mind; the flower-strewn machairs of South Uist come to mind; standing on the bare cliff edges of Mingulay with nothing between you and eternity certainly comes to mind.

We met some wonderful people, some of whom appear in Cailean's photographs between the covers of this book. The conversation was good, the scones excellent, and by the end of our 180 mile walk I think we had earned the right to gather together the experiences and images you'll find here.

Tiredness is a strange thing – it strikes you in the unlikeliest of places. Often when I wake up in the morning having slept all night in my own bed I'm tired, whereas, having walked 180 miles, my recollection is that we leapt off Donnie MacLeod's small boat as we arrived in Mingulay as if we were young children. And then proceeded to race up to the top of the hill with our friends Chris and Julie and family who happened to be camping on the island right at that time.

Of course that invigoration partially has to do with hope fulfilled, the sense of a task completed. It also has to do with enhancing friendship, and deepening a relationship with the environment. An environment which is as much cultural as physical, as much linguistic as geographic. Enjoy your own journey with us through these islands at the centre of the world!

Angus Peter Campbell

Leabhar-là na Cuairte:
08.06.07 – 15.07.07

ANGUS PETER CAMPBELL & CAILEAN MACLEAN

Dihaoine 8mh Ògmhios: Siubhal gu Steòrnabhagh. Fear na sheasamh air taobh a-muigh a' phub air cidhe Steòrnabhaigh – tha Cailean a' tarraing a dhealbh. Smuain: "cho mìorbhaileach agus a tha an rud cumanta."

Air an fheasgar gu Pàirc Chnoc nan Gobhar, far a bheil Na Lochan a' cluich an aghaidh Chàrlabhaigh anns a' chuairt dheireannach son Cuach Jock Stein. Tha Na Lochan cianail math agus a' toirt droinneadh do bhalaich an Taobh Siar. 4–0. Cho prìseil agus a tha cosnaidhean, oir gun obair cha bhiodh òigridh, is gun òigridh cha bhiodh spòrs.

Friday 8th June: Travel to Stornoway. Man smoking outside pub at Quay – Cailean takes photo. I think "the marvel of the ordinary".

In the evening to Goathill Park, where Lochs are playing Carloway in the Jock Stein Cup Final. Lochs are extremely good – fast and fit. They play as a whole unit and win easily. 4–0. How precious employment is, for without jobs there would be no young people, and without young people there would be no fun.

Disathairne 9mh Ògmhios: Air an t-sràid ann an Steòrnabhagh tha sinn a' coinneachadh ri Stanley Bennie. Ged as e seo an latha as teotha sa bhliadhna fhathast, chan e mhàin gu bheil e sgeadaichte ann an deise shnasail dhubh, ach tha bonaid dhubh air cuideachd, mar gun robh i a' cur an t-sneachda! "A chàirdean," tha e ag ràdh, 's e spìonadh na bonaid dheth, "'s e dìreach gun do loisg mi mullach mo chinn sa ghrèin an-dè!"

Tha sinn an uair sin a' dèanamh air Nis, agus fìor thoiseach ar turais. Air a' chiad latha tha sinn a' coinneachadh ri Dotair Fionnlagh, 's a' còmhradh mu mhuilnean-gaoithe is eile, ri 'Rusty', an sàr-chleasaiche Dòmhnall Ruadh Mac a' Ghobhainn, agus a' tadhal air an sgrìobhaiche Iain Moireach agus a bhean, Nora. Tha Iain còir a' sealltainn dhuinn bata-làimhe a thug bràthair a mhàthar air ais à Afraga: bata a fhuair e mar thiodhlac bho na daoine dubha an sin, airson a choibhneis riutha. Tha sinn a' bruidhinn air cho prìseil agus a tha coiseachd, gu

The Lewis Hotel, Stornoway

There is a Village call'd Storn-Bay, at the head of the Bay of that Name; it consists of about sixty families; there are some Houses of Entertainment in it, as also a Church, and a School, in which Latin and English are taught. The Steward of the Lewis hath his Residence in the Village.

Martin Martin, *A Description of the Western Isles of Scotland* (1716)

ANGUS PETER CAMPBELL & CAILEAN MACLEAN

h-àraidh air a' mhachaire, far am fairich thu an cruinne-cè fod chasan.

Cha do thuig mi fhìn riamh cho cudromach agus a bha bata nad làimh gus an do thòisich mi a' choiseachd seo. Thug Cailean, an duine còir, iasad dhomh dhen bhata a bha aig athair, an Dotair Alasdair MacIlleathain – abair urram! Tha mi cheana a' faireachdainn nas làidir nam chridhe air a shon sin.

Roimhe seo bha mi dhen bheachd gum b' e dìreach lapaich a bhiodh a' cleachdadh bhatachan. Cho fada ceàrr 's a bha mi! Chan e a-mhàin gu bheil am bata a' toirt taic dhad bhodhaig, ach cuideachd taic dhad inntinn: a' bhuille ud, tap-tap-tap, air an talamh rid thaobh mar mhac-talla dhen chridhe, a' sìor-ràdh, "Air adhart, air adhart, air adhart …"

Saturday 9th June: Walking down Kenneth Street in Stornoway we meet the Reverend Stanley Bennie. Stan is the Episcopal priest in Stornoway. Even though this is the hottest day of the year so far, he is dressed in splendid ecclesiastical black, including a black bobble-hat as if a blizzard was about to fall. "Don't worry, lads," he says, whipping off his bunnet, "it's only to protect my head – you see I burnt it with the sun yesterday!" The man is a national treasure!

We then make for Ness and the Butt of Lewis, where our 'proper' journey begins. Once we're on the road we meet Dr Finlay MacLeod, local scholar and writer. We talk about windmills (he is against the giant industrial wind-farms proposed for Barvas Moor – note: they were later, in 2008, rejected anyway by the Scottish Government). We also meet Donald 'Rusty' Smith on the road – Donald is one of the finest actors of his generation, and it's great to meet him by the way. At the end of our first day's walking we visit another writer, John Murray, and his wife Nora who live in Barvas. We talk walking-sticks: John shows us a walking-stick brought home from Africa by his uncle (his mother's brother). His uncle was given the walking-stick by African natives as a leaving-present when he left the country. John tells us that he was basically forced to leave the country by the white authorities because of his friendship with the indigenous African people. We talk about the value of walking – John says that walking

'Lochs too strong for Carloway in Jock Stein Cup Final'

Stornoway Gazette, June 2007

Shieling, Pentland Road, Lewis

… agus mo shinnsrean, a-muigh air àirigh,
a' buachailleachd chruidh-bainne 's ag òl a'
                                        bhlàthaich.
Chì mi failas an taighean 's am buailtean
air fàire an uaigneis,
's tha siud mar phàirt de mo dhualchas.

Ruaraidh MacThòmais, 'Troimh Uinneig a' Chithe'

SUAS GU DEAS

the machair has something elemental about it. The soles of your feet, and therefore your body, in touch with the soil – he contrasts that elemental joy with the many times he walked the hard pavements of Edinburgh and Glasgow. And maybe even Stornoway?

I never really appreciated how important a walking-stick is until I began this journey. Cailean has very kindly lent me the stick that belonged to his late father, Dr Alasdair Maclean – an honour to put my weight on the stick of that much-loved physician. Dr Alasdair (Sorley MacLean's brother) was from Raasay, but was the doctor in South Uist when I was born – he may very well have been the first person to see me emerge out of my mother's womb!

Previously, I thought that only the elderly and enfeebled carried walking-sticks – how mistaken I was! Not only does the stick support your body – it also strengthens the mind: that tap-tap-tap on the road echoing the beat of my heart, repeating "On, on, on …"

Didòmhnaich 10mh Ògmhios: Bu chòir dhomh a dhol dhan eaglais, agus bhon a tha mi ann an Leòdhas, bhiodh e a cheart cho math a dhol dhan Eaglais Shaoir. 'S e pàirt dhen adhbhar gu bheil mi fo chùmhnant le Theatre Hebrides airson dealbh-chluich stèids a sgrìobhadh dhaibh mu Na Daoine – na fir a bha cho cudromach ann a bhith a' stèidheachadh na h-Eaglaise Saoire timcheall air 1843.

A-steach a Steòrnabhagh fhèin, oir tha ùine mhòr bhon a bha mi sa bhaile sin air an t-Sàbaid. Madainn bhrèagha ghrianach, ach diofar sluaigh a dol gu diofar eaglaisean – aithnichidh tu cà'il iad a' dol bhon cuid aodaich. An fheadhainn a tha dèanamh air an Eaglais Stèidhichte beagan nas aotruime nan èideadh. M' onair! Bha mi a' lorg àite far am biodh a' Ghàidhlig, agus fhuair mi sin ann an Seamanaraidh na h-Eaglaise Saoire.

Anmoch air an fheasgar ghabh mi fhìn agus Cailean agus na balaich bho Mac TV, Mànus agus Donnchadh, cuairt a-mach gu Dail Mòr, air an Taobh Siar. Tràighean fada, geal, iongantach agus an Cuan Siar a' sìneadh a-mach gu h-àlainn gu sìorraidheachd. Chan eil iongnadh gun do sgrìobh an Salmadair:

Massed bands at the Stornoway Carnival

'S ionann 's a bhith 'm prìosan
Bhith dhìth a' bhreacain

Iain MacCodrum (1693?-1779)

Barbed Wire, Brù, Lewis

Cha chuir mi orm mo chòta-sìoda,
mo chòta-samhraidh san droch-thìde,
's mo chòta amadain na pìosan.

Iain Mac a' Ghobhainn

SUAS GU DEAS

'S le Dia an talamh, is a làn:
an domhan, 's na bheil ann,
Oir shocraich e air cuantan e,
air sruthan leag gu teann.

Sunday 10th June: I plan to go to church, and since I'm on Lewis it might as well be the Free Church. Partly because I've recently signed a commission with Theatre Hebrides to write a stage-play about 'The Men' – the lay evangelical preachers of the mid-19th century who were foundational in establishing the Free Kirk at the time of the Disruption in 1843.

So I drive into Stornoway itself, because it's been a long time since I spent a Sabbath morning in the town. By their clothes you shall recognize them! I try and avoid all stereotypes, but it is fascinating to see the different congregations walking to the different churches – the Free Kirkers are that bit more sombre; those heading for the Church of Scotland a tad more colourful. It's a very beautiful sunny morning, and the sight of all these folk – young and old – going to church, many with Bibles under their arms, gladdens my heart. I want to go to a Gaelic service and find one in the Seminary of the Free Church.

Much later that evening Cailean and I, and Manus and Duncan from Mac TV who are filming our journey, drive west to spend the sunset at Dail Mòr beach. Long white sands on the edge of the Atlantic, stretching to infinity. I sing the beginning of Psalm 24 to myself:

The earth belongs unto the Lord,
and all that it contains;
The world that is inhabited,
and all that there remains.
For the foundations thereof
he on the seas did lay,
And he hath it established
upon the floods to stay.

Loch Raoineabhat, Siabost, Lewis

Bùrn – Water. In Lewis water brought in on a Sunday is called *uisge*, water brought in on any other day is called *bùrn*. The people will not wash on Sunday with water brought in the previous day. (This does not hold for recent times as no water is taken in on Sunday.) *Uisge* was a tabu word on the Flannan islands. It had to be called *bùrn*.

Carmina Gadelica: Hymns and Incantations, Volume VI (edited by Angus Matheson)

SUAS GU DEAS

Diluain 11mh Ògmhios: Tha Cailean a' togail dealbh dhen dà nighean a bha a' frithealadh a' bhùird aig àm na bracaist anns an taigh-aoidheachd far an do dh'fhuirich sinn a-raoir. Tha Caitlin NicIllinnein (23) dìreach air ceumnachadh ann an Cruinn-Eòlas bho Oilthigh Ghlaschu, agus tha a piuthar Màiri (17) dìreach air an sgoil fhàgail agus a' dol dhan dearbh oilthigh às dèidh an t-samhraidh. Tha an dithis aca fileanta sa Ghàidhlig, agus ga bruidhinn.

Tha Caitlin ag ràdh gum bu toigh leatha a-nis fuireach ann an Leòdhas agus cosnadh làn-ùine fhaighinn. Tha mi a' faighneachd do Mhàiri carson a tha ise a' falbh – "Uill, tha a h-uile duine eile ga dhèanamh, agus bidh e math faighinn air falbh airson greis dhan oilthigh."

Tha sinn an uair sin a' coiseachd tarsainn machaire Bharabhais, agus a' tadhal air dithis ann am baile Bhrù – Angaidh Eubaidh, a tha pòsta aig co-ogha do Chailean, agus tha esan gar toirt air chèilidh air nàbaidh dha, Mòr NicLeòid. Tha mi air leth toilichte coinneachadh ri Mòr, oir tha i 93 bliadhna dh'aois agus loma-làn fiosrachaidh mu sheann rudan. Tha mi air a cluinntinn gu tric air Rèidio nan Gàidheal, agus tha e uabhasach math a-nis coinneachadh rithe. Bha i na banaltram airson grunn mòr bhliadhnachan agus tha eòlas prìseil aice cuideachd air seann leighisean.

A' bruidhinn air na seann làithean, thuirt i: "Cha robh na daoine beairteach ann an ionmhas, ach O, bha iad beairteach ann an gliocas."

Monday 11th June: We pause after breakfast while Cailean takes photographs of the two local girls who served our ham-and-eggs in the guest house where we stayed! The girls are Kathleen MacLennan, aged 23, and her younger sister Màiri, aged 17. Kathleen has just graduated in Geography from Glasgow University, while Màiri will leave to study at the same university in the autumn. "I'd now very much like to stay home and get a job," Kathleen says, while Màiri is looking forward to student life – "Well, it's what everyone does."

We then walk across Barvas machair towards the village of Brù, where a cousin of Cailean's stays. She is married to a local man, Angaidh Eubaidh, who then takes us to visit

Mairi and Kathleen MacLennan, Breascleit

Mòr MacLeod, Brù

a neighbour, 93-year old Mòr MacLeod. I am really delighted to meet Mòr, as I've heard so much about her over the years, and have often listened to her wisdom on Gaelic radio. She has many stories from the old days. She worked for many years as a nurse, and also has many wonderful traditional remedies and recipes. She tells us in very rich Gaelic how to make *gruth* (crowdie) and *uachdar* (cream). She makes it very simple for someone as ignorant as I am – "First of all you milk the cows," she says. "Then you gather in the milk and *'suidhichidh tu e ann an trì miasan airson trì tràthan'* – you place it in three separate basins for three periods of time." I ask what she means by 'periods of time'. "Oh, an afternoon and an evening and a morning," she says. "Or a morning and an afternoon and an evening – that's the period of time it takes for the curds to separate from the whey and for the cream to come to the top."

She then carefully explains in beautiful precise Gaelic the making of the butter from the cream and the making of the crowdie from the curds, and how it is best done slowly down at the far end of the stove where the heat is less intense. And you make *'mulchagan càise'*, kebbucks of cheese, from the left-overs and hang them from a *dubhan*, a hook, at the back of the kitchen for use during the long winter.

She tells too of when to harvest and cook shellfish – *"Feumaidh na bàirnich trì tarraingean às dèidh trì uisgeachan samhraidh"* – "The limpets need three boilings and should only ever be harvested from the shore after three summer rains have fallen." She adds that no one takes heed of the latter instruction now. I think of how it would have been ecologically sound, and how we now harvest willy-nilly without taking any heed of nature and natural re-growth. As a matter of interest, *na faochagan* – the whelks – can be cooked much more quickly, with just one boiling.

She tells how to make proper porridge – *'lit'* she calls it. One important detail is that you don't just fling or pour the meal or oats into the pan: you let the grains sieve through the fingers of your hands to individualise and separate them as you put them into the pot. No wonder she has lived into her ninth decade. Her knowledge is profound; her life experience invaluable; and her Gaelic beautiful. She ought to be Queen of the Lews. At the very least.

ANGUS PETER CAMPBELL & CAILEAN MACLEAN

Sheep, Cromor, Isle of Lewis

Caora – Sheep: Is beothach beannaichte a' chaora – bheannaich Crìosda fhèin i. Nam faiceadh tu caora neo baidne chaora 'nad chadal is e ainglean a bhiodh ann. Tha saorsa bheannaichte ri fhaicinn dhut a dh'oidhche neo a latha, ad chadal neo ad dhùsgadh.

The sheep is a blessed animal - Christ Himself blessed her. Wert thou to see a sheep or a little flock of sheep in thy sleep, its is angels that would be there. A blessed freedom (redemption?) is to be seen by thee by night or by day, in thy sleeping or in thy waking.

The sheep is treated with tender care, even its bones being sacred.

Alexander Carmichael, *Carmina Gadelica, Vol. V1*

She says about the olden days: "The people were not rich financially, but they were rich in wisdom."

Dimàirt 12mh Ògmhios: Steòrnabhagh gu Crosbost gu Crò Mòr anns Na Lochan an-diugh. Tha Coinneach 'Mòr' MacÌomhair a' gabhail pàirt dhen t-slighe còmhla rinn. 'S e duine iongantach a th' ann an Coinneach còir – 'polymath', ge brith dè a' Ghàidhlig a tha air a sin. Iomadh-fhillteach? Craoladair agus Comhairliche, ach cuideachd na àm na bhogsair, na neach-deasachaidh air a' *Ghazette,* na Chathraiche air Urras Steòrnabhaigh, na Thagraiche son na Pàrlamaid …

An-diugh tha e a' dol còmhla rinn cho fada ri na trì muilnean-gaoithe aig crois-rathaid Liùrboist. Tha Coinneach gu mòr airson gun tachair leasachaidhean nam muilnean ann an Leòdhas, agus tha e air a bhith an sàs gu mòr anns an iomairt aig Urras Steòrnabhaigh gus an tuath-gaoithe a thàladh dhan àite.

Tha sinn a' fàgail Choinnich agus a' dèanamh air Crosbost. Tha cuimhn' a'm bliadhnachan air ais tadhal air Eachann Dòmhnallach ('Aimsir Eachainn') anns a' bhaile seo. Nach brùideil tìm. Cho luath 's a dh' fhalbh i. 'S ann an cràdh cho slaodach agus a tha i. An oidhche sin anns an taigh-òsta tha mi tòiseachadh air pìos bàrdachd mun dà thaobh sin de thìm:

Tìm

Tha tìm trom,
cluinnidh mi e
mar phrìosanach, slabhraidh ceangailte
mu adhbrann, a' leagail gach nì
timcheall an taighe. Cheana, leag e balla a' ghàrraidh,
's gach oidhche, mu mheadhan-oidhche,
cluinnidh mi e a' bualadh a' bhuill

an aghaidh balla an taighe,
mar òrd-mòr. Sump. Sump. Sump.
Anns a' Bheurla, a' crathadh 's a' sgàineadh
mo chrìdh'.

Tha tìm
aotrom. Cho aotrom
ri bailiùn. Seall air mo bhalach beag
a' sèideadh 's a' sèideadh 's a' sèideadh,
's am bailiùn a' seòladh suas dhan iarmailt
gus nach fhaic thu tuilleadh e anns a' chuimhne
far a bheil e gu sìorraidh làn is dearg is aotrom,
a' danns.

Mus do dh'fhàg sinn Coinneach Mòr, ge-tà, chleachd e am fòn-làimhe aige agus dh'fhòn e gu a mhàthair-chèile a tha fuireach ann an Leumrabhagh, feuch an deasaicheadh i sgonaichean dhomh fhèin 's do Chailean air eagal 's gun tadhaileadh sinn oirre feasgar – rud a rinn.

Air an rathad a-null a Chrosbost bha boireannach agus nighean a-muigh a' peantadh balla a' ghàrraidh aca. Stad sinn greis a chòmhradh riutha: b' ise Catrìona Mhàrtainn, agus a h-ogha, Sìne NicCoinnich. Bha an dath a bha iad a' cur air an fheansa fhiodh eadar dearg is ruadh. "An e dearg no ruadh a chanadh sibh ris an dath sin?" dh'fhaighnich sinn. "Chan e dearg no ruadh," ars ise, "ach Òr an Fhoghair!" Agus bu bhrèagha e.

Deagh lòn bho Anna Mhoireasdan, Riochdaire MacTV a tha fuireach cha mhòr an ath dhoras do Chatriona 's Sìne. Biadh fallain – aran is ìm is càise – mar gun robh thu ann an cafe ann am Paris!

Chaidh sinn an uair sin a-null gu taobh thall Loch Èireasort, far an robh sinn ag amas air coiseachd o Chrò Mòr tro Ghrabhair a Leumrabhagh. Fear ag obair sa ghàrradh an sin le

Loch Bhaltois, Laxay, Lewis

Ach 's e lomnochd ghrinn Leòdhais
a rinn obair mo chinn
mar bheart làn de cheòlraidh
mhìorbhail is mhòrachd ar linn

Iain Mac a' Ghobhainn

SUAS GU DEAS

strimmer, fear Seonaidh MacCoinnich, a dh'aithnich mi bho mo dhealbh sa Phàipear Bheag 's bha còmhradh beag math againn ris-san. B' àbhaist dha a bhith ag obair aig an tuathanas-èisg: gnìomhachas eile a th' air a bhith glè chudromach air a' Ghàidhealtachd.

Aig ceann an latha 's aig ceann an rathaid ann an Leumrabhagh, thadhail sinn air Barabal NicNeacail, màthair-chèile Choinnich. Bha na sgonaichean deiseil air ar son, agus 's iad a bha blasta còmhla ri marmalade Choinnich! Ach chan eil an sin ach an rud as lugha, oir sheall Barabal chòir dhuinn an MBE a fhuair i son a dìlseachd ann a bhith a' ruith Oifis a' Phuist sa bhaile son 40 bliadhna. Dh'fhosgail i an Oifig Puist aice anns a' Ghiblean 1966, agus mo bheannachd oirre, tha i a' dol leis an t-seirbheis fhathast.

Bha an MBE fhathast na chèis anns an drathair. "Bu chòir dhuibh a thoirt a-mach 's a shealltainn do dhaoine," thuirt sinne, ach thuirt ise, "Uill, bidh na daoine san eaglais a' faighneachd dhomh ceart gu leòr carson nach eil mi ga chleachdadh mar bhroids, ach chan eil mi airson gum bi iad a' smaointinn gu bheil mi mòr asam fhìn."

Chan eil thu, a Bharabal. Chan eil.

Tuesday 12th June: From Stornoway to Crossbost, then across Loch Erisort to Cromore and on to Lemreway in the Lochs district of Lewis. Local broadcaster Kenny MacIver joins us for the first part of the journey, as far as the three windmills at the end of the Leurbost road. Kenny is a bit of a polymath – not only an excellent broadcaster but also a local councillor, a member of the Stornoway Trust, a former editor of the *Stornoway Gazette,* a former Parliamentary candidate, a boxer in his student days …

We spend a bit of time by the windmills while Kenny argues the case for wind-farm developments – not only will the jobs be welcome, he argues, but surely the whole notion of alternative energy, here in the most wind-swept part of the country, must be progressed. Personally, I've always found windmills to be aesthetically beautiful – my wife is a sculptor, and she too often points to their sculptural qualities. Even close up to them (and I've stood for

Shed, Crossbost, Lewis

… tha tìm na chrùban anns an uinneig

Iain Mac a' Ghobhainn

ages by the scores of windmills on Ben Wyvis in Ross-shire for example), I find them beautiful – thin silver lines revolving in the wind. Even the sound is pleasant. I know and understand, of course, that the whole issue about the proposed Barvas wind-farm is on a very different scale – not so much an indigenous aesthetic venture as very much part of a national (global?) commercial adventure. More industrial farms than wind-farms, and no wonder those who love and respect nature are angered by the notion of the environmental destruction involved. Surely a whole new aesthetic, a whole new relationship is required with the moorland for the 21st century: one which understands as well as uses its potential, in much the same way our forebears understood and used its potential in the days of peat-cutting, cattle and shielings etc. Maybe the future is the past.

We walk the eight miles or so to Crossbost, passing the late Hector MacDonald's house. Hector, under the pen-name of 'Aimsir Eachainn', ran a much-loved humorous column in the *West Highland Free Press* for a number of years, before his untimely death at an early age. I once visited him, and reflect on the swiftness (the lightness) and the slowness (heaviness) of time as I walk through his village. Later, I compose a poem on these two faces of time:

Time

Time weighs heavy,
I hear him
like a prisoner, ball-and-chain
about his ankles, demolishing
all things. Already, he has destroyed the garden wall,
and every night, about midnight,
I hear him hammering the ball
against the wall of the house,

as if with a sledgehammer. Thump. Thump. Thump.
In English, shaking and cracking
my heart.

Time
is light. As light
as a balloon. Look at my little boy
inflating and inflating and inflating,
and the balloon ascending into the skies
till you see it no longer except in memory,
where it is forever full and red and transparent,
dancing.

Before Kenny leaves, however, he phones his mother-in-law, Barbara Nicolson, who lives in the village of Lemreway on the other side of the loch, with the news that Cailean and I will call in on her much later in the day at the end of our walk. He asks her if she has any scones – they will be freshly made and on the table ready for us, she tells us over the mobile phone. The marvels of technology – advance requesting (ordering is far too strong a word – Highland hospitality was never commercial) home-made scones.

On the road to Crossbost an older lady and young woman are painting the garden fence, and we stop for a blether. The woman is Catriona Martin and the young woman her granddaughter, Jean MacKenzie. Cailean and I are unsure as to whether the paint they're using is red (*dearg* in Gaelic) or rusty-brown (*ruadh* in Gaelic). So we ask. "Neither," says Catriona. "It's Autumn Gold!" It's written on the tin.

A couple of doors down from Catriona lives Anne Morrison, a Programme Producer with MacTV who are filming our journey. Anne very kindly gives a splendid lunch of fresh

Gloaming, Bàgh Dhaile Mòr, Lewis

Eilean Beag Donn a' Chuain

O, 's làidir na bannan gam tharraing a-null
Gu eilean beag donn MhicLeòid,
'S gu stiùir mi gu h-ealamh gu cala mo long
Nuair ruigeas mi ceann mo lò

bread, cheeses, olives and salad. We then cross to the other side of Loch Erisort, to walk from Cromore to Lemreway. A man is plugging in a strimmer to use in his garden – he is Seonaidh MacKenzie, who used to work on the fish-farm. What an important industry that has been for the rural economy over the past twenty or so years. Though I still prefer wild salmon.

Our day-long walk finishes about 6pm, when we finally arrive at the beautiful village of Lemreway. It's all quiet and serene, a picture-postcard. The stillness yearns for the sounds of children, but all is hushed. I think of my own adopted home of Sleat in Skye where the empty villages have been filled over the past twenty years with several young families, largely thanks to the development of Sabhal Mòr Ostaig, the Gaelic College.

Barbara Nicolson welcomes us warmly at the door, and ushers us in to the home-made scones and her son-in-law's home-made marmalade! They are both delicious. Kenny had told us she'd been awarded the MBE a couple of years before for serving the local community in her Post Office for the previous 40 years. She opened her Post Office in the village in April 1966, and at the time of writing is still going strong. We ask to see her award. She goes through and rummages, and brings the MBE through, still in its box. We ask why she doesn't show it off, or display it. "The ladies in the church are constantly asking why I don't wear it as a brooch," she says, "but I don't want them to think I'm showing off."

I remember a couple of lines from Bunyan:

> "He that is humble ever shall
> Have God to be his guide …"

Diciadain 13mh Ògmhios: Bhon a chaidh sinn seachad air Rathad a' Phentland an latha roimhe, bha sinn airson faighinn a-mach cò às a thàinig an t-ainm 'Pentland'. Chiad rud sa mhadainn seo, dh' fhòn mi An t-Ollamh Domhnall MacAmhlaigh ann an Dùn Èideann a dh'fhaighneachd dha. Bha Domhnall còir dhen bheachd gur e einnseanair air choreigin a bha ann am Pentland a bha an sàs ann an obair rathaidean is leasachaidhean ann an Leòdhas aig aon àm. (Tha mi tuigsinn a-nis, ge-tà, gur e dìreach rud poilitigeach a tha ceangailte ris an ainm: gu bheil e air ainmeachadh air Sir Iain Mac na Ceàrdaich, a bha a-rithist air urramachadh gu bhith na Mhorair Pentland, agus a bha na Rùnaire son na h-Alba eadar 1905-12, agus a dh'fhosgail pìos dhen rathad gu h-oifigeil. Nach iomadh Gàidheal a bha mìle uair na b' airidhe air urram na na h-uaislean sin …)

 'S ann à Eilean Bheàrnaraigh thall air taobh siar Eilean Leòdhais a tha Domhnall fhèin: am bàrd Gàidhlig as fheàrr, na mo bheachd-sa, a th' againn beò. Bha na dàin a rinn Domhnall anns na 60an an dà chuid geurchuiseach agus ealanta, agus tha iad a cheart cho nuadh agus co-aimsireil an-diugh 's a bha iad o chionn dà fhichead bliadhna. Air a' mhadainn seo, tha mi fhìn 's Cailean a' dèanamh air na Hearadh, an cuan air aon taobh 's an Cliseam air an taobh eile, 's gach uair a chì mi creag ('s tha gu leòr dhiubh sin sna Hearadh!) tha mi cuimhneachadh seo:

Angus Mackenzie, Àirigh a' Bhruaich

> "… Ma bhuineas tu do dh'eilean lom mara
> 's gun glèidh thu luime an eilein annad
> cothaichidh e doille sìor amharc
> air òr meallt' is cnàmhan geala …"

'S gann gu bheil sinn anns na Hearadh nuair a tha sinn a' coinneachadh ri Aonghas MacCoinnich agus a mhac Alasdair ann an Àirigh a' Bhruaich. Tha Aonghas agus Alasdair aig na caoraich, agus tha e follaiseach gura math a thèid aca air obair-rùsgaidh is eile a dhèanamh.

 Tha beanntanan na Hearadh air leth àlainn an-diugh 's tha mi faighneachd do Aonghas am bi e tric shuas orra le na caoraich. "Cha mhòr a h-uile latha," tha e 'g ràdh, " 's gach uair a bhitheas, chan urrainn dhomh gun smaoineachadh mun fheadhainn a bhios a' bruidhinn air 'Buaidh a Thoirt air na Beanntan' – 's e an aon rud a tha fhios agams' air nuair a bhios mi shuas air na mullaichean ag obair gu bheil a' mhionaid sin air a toirt dhut ann an gràs, 's chan ann airson buaidh."

 Tha sinn an uair sin a' dèanamh air taobh siar na Hearadh, air Hùisinis, far a bheil triùir fhear eile a' rùsgadh chaorach ann am fang ri taobh an rathaid.

Chì sinn a-nis Hiort fad' air fàire.

Dol seachad air Caisteal mòr Abhainn Suidhe. Nach smaoineachail an ùpraid a dh'adbhraich Sir Hereward Wake 's e an dùil gun togadh Comhairle Siorrachd Inbhir Nis rathad dha seachad air an Taigh Mhòr o chionn faisg air dà fhichead bliadhna nis. Ach bha *Pàipear Beag* an Eilein Sgitheanaich air tòiseachadh aig an àm, sgaoil iad an naidheachd 's cha d' fhuair Sir Hereward agus a charaid air a' Chomhairle, Lord Burton, an dòigh.

An-diugh, tha sinn ann an saoghal eile. Buinidh oighreachd Sir Hereward ann an ceann a tuath na Hearadh a-nis dhan choimhearsnachd, 's tha an Caisteal aig fear Iain Scarr-Hall, a tha ag obair ann an co-bhanntachd ris a' choimhearsnachd. Tha fear Ruairidh MacLeòid ag obair a' peantadh eathar taobh a-muigh a' chaisteil: nach bunaiteach a bha bàtaichean dhuinn riamh mar Ghàidheil! Rathad mòr na mara mar a bh' ann. Mar a chanadh Dòmhnall Angaidh MacIlleathain nach maireann às an Sgarp rium gu tric: "Tha an fhairge a' dèanamh dà rud aig an aon àm: gar sgaradh bho chèile agus gar ceangal ri chèile."

B 'e Crìosdaidh àraid a bh' ann an Dòmhnall Angaidh còir, agus tha e glè iomchaidh cuimhneachadh air air an rathad seo an-diugh, oir rugadh e aig ceann an rathaid seo, ann an Seada an Fhèidh o chionn còrr is 80 bliadhna. Tha mi cuimhneachadh sgeulachd bheag a b' àbhaist Dòmhnall Angaidh a bhith ag innse dhomh – nuair a bha e na chnapan òg 's e aig seirbheis fhada Ghàidhlig nuair a bha am ministear a' leughadh a' chuibhrinn sinn bho Leabhar an Taisbeanaidh a tha ag ràdh, "Agus chunnaic mi nèamh nuadh, agus talamh nuadh: oir chaidh an ciad nèamh agus an ciad talamh thairis; agus cha robh fairge ann nas mò …." gun do thionndaidh am balach òg a bha ri thaobh thuige 's thuirt e ris, "O, bidh sin math, a Dhòmhnaill Angaidh – gheibh sinn chun nan dannsachan san Tairbeart an uair sin gun dragh …"

Tha mi fhìn 's Cailean a' cosg beagan ùine fhad 's a tha sinn a' coiseachd air plòidh: a' dèanamh sgioba ball-coise nam bàrd. "Màiri Mhòr nan Òran sna goals," tha mise ag ràdh. "Agus an ceathrar seo aig a' chùl," thuirt Cailean. "Mac Mhaighstir Alasdair, Donnchadh Bàn,

ANGUS PETER CAMPBELL & CAILEAN MACLEAN

Rob Donn agus Sìleas na Ceapaich." "Triùir sa mheadhan," tha mise a' moladh: "Uilleam Ros, MacMhuirich agus Somhairle." "Agus dè mu dheidhinn Iain Crichton, Aonghas Dubh agus Eòghainn MacLachainn aig a' bheulaibh?"

Tha sinn a' dèanamh sgioba Shasannach cuideachd. Blake eadar na puist. Wordsworth, Coleridge, Tennyson agus Milton san loidhne-dìon. Keats, Browning agus Shelley sa mheadhan, agus muinntir na ficheadamh linn, Larkin is Hughes is Auden, aig an aghaidh. 'S dòcha gum faodadh sinn na Ceiltich sin eile mar Yeats agus Dylan Thomas fhaighinn a-steach dhan sgioba againne, ge-tà.

Beagan seachad air Caisteal Abhainn Suidhe tha sinn a' coinneachadh ri Criosaidh NicAoidh taobh a-muigh Oifis a' Phuist sa bhaile. Tha sinn a' ceannach a dhà neo trì chairtean-puist bhuaipe, 's tha i toirt fiathachadh dhuinn a-steach son cupa tì agus sgona neo dhà. B' e banaltram a bh' ann an Criosaidh aig aon àm, agus tha deagh fhios aice gu bheil làithean a' Phuist-Oifis bhig a' tighinn gu ceann. "B' àbhaist ochd teaghlaichean deug a bhith timcheall an a seo," thuirt i. "A-nis, chan eil ann ach triùir – mi fhìn 's dithis eile."

Tha feasgar an latha gar toirt a-null gu Hùisinis, far a bheil an tràigh cho geal 's cho brèagha a' coimhead a-null gu eilean beag an Sgarp. Mar iomadach eilean eile leithid Hiort is Mhiughalaigh, dh'fhàg na daoine an Sgarp leis cho iomallach agus a bha e agus cho gann de ghoireasan. Nam sheasamh air a' chidhe a' coimhead a-null air an Sgarp, a tha dìreach mu leth-mhìle air falbh, chan urrainn dhomh gun cuimhneachadh air rud a thuirt an t-Athair Urramach Calum MacIllFhialain (a tha fhathast na shagart ann an Èirisgeigh) uaireigin – "Cho beag agus a bha a dhìth air na daoine agus na h-eileanan beaga ud son an cumail a' dol: cidhe an siud neo seo is goireasan-siubhail, agus cho mì-dheònach agus a bha an rìoghachd seo na rudan beaga bunaiteach sin a thoirt dhaibh."

Wednesday 13th June: Since we crossed the Pentland Road the other day we've been trying to find out where the name 'Pentland' came from. So first thing this morning I phone Professor

Lochs, Lewis

cachaileith -e, -ean. *s.f.* Gate, rustic gate. 2** Temporary breach made in a park wall as a thoroughfare for carts or cattle. 3 Hurdle. 4 Sticks or bars individually moveable to close a breach. 5(MS) Sluice.

Edward Dwelly, *The Illustrated Gaelic-English Dictionary*

Donald MacAulay in Edinburgh to ask him. Surely a Professor will know! Donald thinks that Pentland was a road engineer who was once in charge of developing the island's infrastructure. The reality, as always, turns out to be much more politically driven. It seems that the road was actually named after Sir John Sinclair (later Lord Pentland), who was Secretary for Scotland from 1905-12 and officially opened one section of the road. I think of the countless nameless Highlanders who gave their lives for this country without any acknowledgement. I'm struck by a thought: maybe the road ought to be re-named the 'Mòr Bhrù Highway' in celebration of the culture so beautifully borne by Mòr MacLeod.

Professor Donald MacAulay himself is from the Isle of Bernera over on the west coast of Lewis: he is, in my humble opinion, our best living Gaelic poet. The poems he made in the 60s were both incisive and elegant and are as fresh and contemporary today as they were forty years ago. This morning Cailean and I are heading for Harris, the ocean on one side and the Cliseam (mountain) on the other and every time I see a rock (and there are plenty of those in Harris!) I remember a stanza of one of Donald's poems:

> "… If you belong to a bare and sea-girt island
> and you keep the bareness of an island in you,
> it will combat blindness from gazing
> on false gold and bones bleached white …"

We're almost in Harris when we meet Angus Mackenzie and his son Alasdair in Àirigh a' Bhruaich ('the shieling on the brae'). Angus and Alasdair are working the sheep and it's pretty evident that they're used to and skilled at tasks such as sheep-shearing. The hills of Harris are especially beautiful on this lovely morning and I ask Angus if he's often up there with the sheep. "Oh, almost every day," he replies, "and every time I'm up there, do you know what I think? I think of those who speak of 'conquering mountains'– the only thing I know when I'm up there on the mountain-tops working the sheep is that the moment is given to you to enjoy,

Fishing boat, Scalpay

Luchd-loingeis thèid air muir 's a bhios
ri gniomh an uisgibh buan:
Dhaibh siud is lèir mòr-oibre Dhè,
's a mhìorbhailean sa chuan.

Salm 107:23

SUAS GU DEAS

rather than to conquer. No-one conquers mountains."

We then make for the west coast of Harris, towards Huisinish, where we pass another three local men shearing at a fank by the road-side. We can see St Kilda in the far distance.

Walking past Amhuinnsuidhe Castle. Incredible to remember how nearly 40 years ago Sir Hereward Wake, who then owned the castle, expected Inverness County Council to build a by-pass round the castle so that his privacy wouldn't be disturbed by traffic. But the *West Highland Free Press* had just set up in business, heard of the plans, and the ensuing publicity ensured that Sir Hereward's scheme (it was claimed he was in league with Lord Burton, a leading member of Inverness County Council at the time) was scuppered.

Nowadays, we're in a different world. Sir Hereward's estate now belongs to the people of North Harris, and the Castle itself is owned by businessman Iain Scarr-Hall who – unlike the scourge of generations of absent obstructive landlords – works in partnership with the North Harris Community Trust. A local man, Roddy MacLeod, is busy painting a boat outside the castle: how fundamentally important boats have always been in Highland life! The highway of the seas. As my late friend Donald Angie MacLean from the Isle of Scarp always said to me, "The sea always has a two-way relationship with us: separating us from each other, and connecting us."

Donald Angie was a very dear Christian brother, and it's especially appropriate to remember him as I walk along this particular road, for he was born near the end of this road, in a deer-shed, over 80 years ago. I remember a wee story Donald Angie used to tell me – when he was a growing lad attending one of the seemingly endless Gaelic services, and the Minister was reading that portion of scripture from the Book of Revelation which goes, "Then I saw a new heaven and a new earth, for the first heaven and the first earth had passed away, and there was no longer any sea …" and the young lad who was sitting beside Donald Angie turned to him and said very quietly under his breath, "Oh, that'll be good, Donald Angie, because then we can get over to the dances in Tarbert without any hassle …"

As we walk along, Cailean and I spend some time assembling a bardic football team.

The beach at Luskentyre, Harris

For the most inspirational cusp of land and sea, head back to the Western Isles and make the long haul to the beach at Luskentyre on the Isle of Harris.

The Outer Hebrides represent Britain – no, the planet – at its most elemental, the earth stripped of all embellishment to clash with the angry ocean. This conflict is resolved exquisitely at Luskentyre, where sand, sea and sky converge to perfection.

Tenacious grasses bind together a backdrop of dunes… Below them, ice-white sand has been sculpted into unworldly shapes by the wind. When a blade of sunlight slices through the cloud, the dazzle of the beach turns the Atlantic to deep blue ink.

Simon Calder, *The Independent* 3/0/07

Chrissie MacKay, Amhuinnsuidhe, Harris

"Màiri Mhòr nan Òran in goals," I suggest. "A back four of MacDonald, MacIntyre, MacKay and MacDonald," Cailean suggests. I offer a midfield trio of Ross, MacMhuirich and MacLean. And between us we construct a front three of Smith, Macneacail and MacLachlan.

We'd better have an opposition, so we harness an equally formidable English team. Blake in goals. A back four of Wordsworth, Coleridge, Tennyson and Milton. An elegant but robust midfield trio of Keats, Browning and Shelley. And we'd better enter the 20th century, so we assemble Larkin, Hughes and Auden for the front-line. We might have the advantage, though, because we then bend the rules so that our Bardic X1 can also have fellow Celts to call upon. Yeats and Dylan Thomas go straight into the squad.

A little bit past Amhuinnsuidhe Castle we meet Chrissie MacKay outside her Post Office in the village. We buy a couple of postcards from her, and she invites us into her home attached to the Post Office for a cup of tea and scones. Chrissie used to work as a nurse, and knows full well that the days of the tiny village Post Office are numbered. "There used to be 18 families around here," she says. "Now there are just three – myself and two others."

The end of the day brings us to Huisinish, where the beautiful white sands look across to Donald Angie's native isle, Scarp. As with other – perhaps more famous – islands such as St Kilda and Mingulay, Scarp was evacuated in the 20th century as a consequence of isolation and lack of facilities. Standing on the old pier at Huisinish and looking across the half-mile sea-stretch which separates Scarp from mainland Harris, I can't but recall something once said by Fr Calum, parish priest of Eriskay and former Vice-Convener of the Western Isles Council: "How little these people and islands really needed for survival – a small pier here and there and basic infrastructure, and how unwilling this rich kingdom of ours was to give them these basic needs."

Diardaoin 14mh Ògmhios: Ho-hò! Fhuair sinn baidhsagalan air màl ann am bùth bheag faisg air an Tairbeart, agus tha sinn a' dèanamh air Sgalpaigh!

ANGUS PETER CAMPBELL & CAILEAN MACLEAN

Loch Leosavay, Harris

The Eastern Coast of Harries is generally rocky and mountainous, cover'd with Grass and Heath. The West side is for the most part arable on the Sea-coast; some parts of the Hills on the East side are naked without Earth. The Grass on the West side is most Clover and Dasy, which in the Summer yields a most fragrant Smell.

Martin Martin, *A Description of the Western Isles of Scotland* (1716)

"Eilean Sgalpaigh na Hearadh,
 Eilean maiseach mo ghràidh …"

Ach tha seo fada nas miosa na coiseachd fhèin: suas is sìos na bruthachan casa seo gu Sgalpaigh! Agus chan eil na gìors ag obrachadh ceart air a' bhaic a bharrachd! Ann an Sgalpaigh fhèin tha sinn a' coinneachadh ri boireannach a tha a-muigh ag obair mu cheann an taighe. Cò th' ann ach Beth NicFhionghain, màthair an fhir-camara Iain MacFhionghain a bhios ag obair air prògraman dhe gach seòrsa dhan BhBC is eile. Tha sinn a' seasamh greis a' seanchas, agus tha e daonnan cho brèagha agus cho iongantach nuair a dh' innseas daoine an eachdraidh fhèin dhut, cha mhòr anns an dol-seachad. Cho mìorbhaileach agus a tha ar beathannan uile.

Bha màthair Beth à Fìobha, agus bha a h-athair-se (seanair Beth) na einnseanair anns na mèinnichean-guail, timcheall Largo. Phòs a màthair am maighstir-sgoile a bha ann am Màthanais anns na Hearadh (fear Dòmhnallach), agus mar sin rugadh agus thogadh Beth fhèin ann am Màthanais. Phòs i fhèin an uairsin fear MacFhionghain a bha na sgiobair aig muir … agus mar sin anns na beagan mhionaidean sin fhèin ri taobh an rathaid bha sgeulachd in-imrich gu math àraid agam, a' toirt a-steach mèinnichean-guail, maraireachd, teagasg, gaol is eile.

Mu chairteal a' mhìle a-steach an rathad bho Beth tha Mòrag NicLeòid, a b' àbhaist a bhith 'g obair aig Sgoil Eòlais na h-Alba ann an Dùn Èideann, a' fuireach. Chan e a-mhàin boireannach còir coibhneil a th' ann am Mòrag, ach bana-sgoilear cho fiosrachail agus a tha againn an Alba nuair a thig e gu òrain Ghàidhlig. Nach anabarrach an obair a rinn i fhèin agus a co-obraichean leithid Dhòmhnaill Eàirdsidh Dhòmhnallaich agus Iain MhicAonghuis is Sheumais MhicEanraig airson dualchas na h-Alba.

Às dèidh deagh latha ann an Sgalpaigh tha sinn a' tilleadh air na baidhsagalan air ais dhan taigh-òsta air an Tairbeart. Tha telebhisean anns an t-seòmar agam, 's tha mi toirt sùil air, airson a' chiad turas airson ùine mhòr (chan eil telebhisean agam aig an taigh a bharrachd). Tha *North Tonight* air – am prògram-naidheachd ionadail aig Grampian TV (neo STV North neo ge brith dè th' aca orra fhèin a-nis). Aig aon àm dhem bheatha, eadar 1979 agus 1985, bha mi ag obrachadh air an dearbh phrògram, agus nach mi tha taingeil gun deach mo bhreabadh a-mach, oir tha mi gam fhaicinn fhìn air an sgrion an sin ann an deise-iarainn a-staigh – agus cò às idir a fhuair Tormod am blas ud air a' Bheurla aige? Nach e Sgalpach gu chùl a th' ann? – 's tha mi cuimhneachadh an cuideam a bh' oirnn (agus a tha fhathast) blas ar cainnt a leòmachadh suas. Ach b' e làithean geala a bh' ann cuideachd, agus dh'ionnsaich mi an t-uabhas fhèin bho bhith ag obair ann an seòmar-naidheachd: mar a sgrìobhas tu luath, sgiobalta, agus gu mionaideach. Agus abair deagh chuideachd agus deagh spòrs a bh' againn còmhla – Selina Scott, Bill MacKenzie, Alan Cowie, Bob Kenyon is eile …

Às dèidh *North Tonight* tha na naidheachdan nàiseanta (à Lunnainn) a' tighinn air, le dealbhan iongantach de Hamas a' cur crìoch air riaghladh Fatah ann an Gaza – na bratachan uaine aig Hamas air feadh an àite a' comharrachadh gu bheil roinn làidir Ioslamach a-nis aig bruachan Israel. Tha a' ghrian a' deàrrsadh a-steach air uinneagan Taigh-Òsta na Hearadh fhad 's a tha dà shaighdear a bhuineas do Hamas, an aodainn còmhdaichte le balaclavas dhubha gus nach fhaic thu ach dà shùil dhorcha gach fir, ag ràdh, "Chan e cogadh tha seo eadar dà dhiofar bhuidheann – ach cogadh eadar creidmhich cheart agus pàganaich." Cànan nam meadhan-aois ann an cyber-space na Hearadh.

Thursday 14th June: For a change, we hire bicycles from a small shop near Tarbert, Harris, and cycle off to Scalpay for the day. But this proves far more arduous than walking – all these steep hills to Scalpay! And my bike's gears don't work properly either! Cailean's gears do work well, however, as he ascends all the braes with ease. Likely he's just fitter! Like several of the other smaller islands, Scalpay now has the advantage of a bridge connecting it to the main Long Island. What a difference (for the better) these bridges have made: islands that were cut off from essential services have now been provided with the basic kind of infrastructure that the rest of the country takes for granted.

Angus Maclean and Morag MacKinnon in Luskentyre

Loch a Siar and the hills of North Harris including Oireabhal, Uisgneabhal and Leòsabhal

And the whole panorama was contained in a crescent swathe of tall mountains whose names, while ringing out like a peal of bells in Gaelic, in reality bore testimony to the Viking occupation of those lands a thousand years before.

Finlay J Macdonald, *Crowdie and Cream*

SUAS GU DEAS

ANGUS PETER CAMPBELL & CAILEAN MACLEAN

SUAS GU DEAS

We talk to a woman who's working outside her home on Scalpay. We've never met her before, but she happens to be the mother of someone both Cailean and I know from our professional lives as journalists – Beth MacKinnon, the mother of cameraman John MacKinnon who works as a freelance cameraman for the BBC and others. We spend a while blethering, and I always think it's marvellous to hear how folk's lives have unfolded.

Beth's mother was from Fife and her father (Beth's grandfather) worked as a mining engineer in the coalfields around Largo. Beth's mother met and married a man (a MacDonald) who was the schoolmaster in the village of Manish on Harris, where Beth herself was born and brought up. Beth then met and married a fellow MacKinnon who was a Master Mariner, working on coastal tankers … and so, in a few minutes by the roadside on Scalpay, we had the narrative thread of a journey of migration taking in coal-mining, the Merchant Navy, teaching, love and marriage and all else.

About a quarter of a mile onwards from where Beth stays we find the house of Morag MacLeod, formerly of the School of Scottish Studies in Edinburgh, who has now returned back home to her native Scalpay. Not only an entertaining and generous woman, but one of the finest traditional music scholars in Scotland, especially in the area of Gaelic songs. What a remarkable contribution she and her colleagues such as Donald Archie MacDonald, Dr John MacInnes, Hamish Henderson and many others made – and continue to make – to Scottish folk life and letters. We owe them a great deal.

After a great day on Scalpay we cycle back over the bridge and hills to our hotel in Tarbert. There's a television in my bedroom, so I switch it on, lie on my bed and watch it. It's the first time I've seen TV in ages (I don't have one at home either). The local news programme *North Tonight* is on: at one time in my life, between 1979 and 1985, I worked as a presenter, journalist and editor on that very programme, and I lie back thinking how thankful I am they kicked me out, as I picture myself on that screen in the chain-mail of my suit and tie … and where on earth did Norman MacLeod, the Scalpay boy who's presenting

Luskentyre, Harris

Something has been completed
That everything is a part of,
Something that will go on
Being completed forever.

Norman MacCaig, 'July Evening'

the programme tonight, get that English accent? I remember the psychological pressure I came under to polish up my own accent and appearance so as to be doubly accepted. But they were also glorious days, working at Grampian TV (as it was known then, prior to the usual centralization – now known as STV North or something). I learned an awful lot from working fast in a newsroom – how to write quickly, decisively and accurately. Three words equals one second, etcetera … We had great times in the newsroom, and their names and faces flicker now for a moment in memory across the internal screen … Selina Scott, Bill MacKenzie, Alan Cowie, Bob Kenyon and others …

Following *North Tonight* the national news (from London) comes on, dominated by remarkable pictures of Hamas finishing off the Fatah administration in Gaza – the bright green flags that represent Hamas now fluttering from every high point and building in the area, clearly signifying that a much more radical Islamic governance is now in force on the banks of Israel. The evening sun shines strongly through the window of my west-facing room while I watch and listen to two Hamas soldiers, only their eyes visible through their face-covering balaclavas, say to camera (and therefore to the world and me), "This is not a fight between two different organizations – it's a fight between true believers and infidels." Medieval language in the cyber-age.

Dihaoine 15mh Ògmhios: Taobh Siar na Hearadh. Tràigh Losgaintir còmhdaichte le gach dath anns a' mhac-meanmna – tha fhios gur e seo an tràigh as brèagha anns an t-saoghal mhòr? Seo an àilleachd agus an cruthachadh a tha sinn a' sgrios tro ar miann agus ar sannt. Calpachas mar uilebheist a dh'itheas e fhèin aig a' cheann thall:

Am Fuamhaire

Nuair a dhùisg am fuamhaire
bha an t-acras air

Donald John MacKay, Luskentyre

On the Golden Road, East Side, Harris

dh'fhiosraich mi Cèitean
's an ceòl fosgailte
's uiseag anns na speuran

Domhnall MacAmhlaigh, 'Leisgeul'

SUAS GU DEAS

ach nuair a choimhead e timcheall
cha robh sìon ri ithe,
oir bha e air a h-uile nì

a shlugadh cheana.

Mar sin,
thòisich e air an òrdag mhòr
aige fhèin

agus

mus tàinig ciaradh an fheasgair
bha e marbh

leis an acras.

Aig aon mhionaid tha a' mhuir gorm, 's an uairsin liath is uaine, an uairsin purpaidh is geal … tha mi a' cuimhneachadh air a' chiad dhealbh a thug mo bhean Liondsaidh (a tha na peantair agus na snaigheadar) riamh dhomh mar phreusant, mus do phòs sinn – sia dealbhan beaga dhen fhadhail eadar Beinn a' Bhadhla agus an t-Ìochdar air am peantadh ann an diofar dhathan – uaine is buidhe is orains is purpaidh is gorm is ruadh. B' e sin na dathan a chunnaic ise sa mhuir nuair a bha i a' fuireach greis anns an Ìochdar aig deireadh nan 80an.

Cha robh Gàidhlig aice a bharrachd aig an àm sin, agus thuirt i rium uair gum b' e bòidhchead Uibhist a thug oirre a' Ghàidhlig ionnsachadh. Saoil cia mheud neach a thàinig a dh'ionnsaigh na Gàidhlig air sgàth bòidhchead na h-àrainneachd? Gu leòr a dh'ionnsaigh na Gàidhealtachd gun teagamh sam bith, ged is e an truaighe mhòr mar a chaidh sgaradh a dhèanamh eadar an àrainneachd agus an cànan, mar nach buineadh an cànan dhan àrainneachd. Nach eil an cànan fhèin a cheart cho bunaiteach dha na Hearadh agus a tha

Huisinis, Harris

The whole face of Harris is singularly rugged and forbidding, being surrounded and intersected with rocks, marshes, mountains, hills of shelly sand; and lashed and stunned on the west and north with the tremendous roar of the fierce Atlantic Ocean.

John Lane Buchanan, *Travels in the Western Hebrides* (1793)

bòidhchead Losgaintir?

    Tha latha iongantach agam a' coiseachd sìos taobh siar na Hearadh gu Ròghadal (choisich Cailean sìos bruthaichean an Taobh Sear, tarsainn an Rathaid Òir). Rinn mi còig mìle deug de choiseachd an-diugh, agus nuair a choinnich mi ri Cailean aig deireadh an latha aig eaglais eireachdail Ròghadail, bha esan air seachd mile deug a dhèanamh. Bha sinn airidh air fois, 's dòcha, agus bha beagan romhainn, oir air an làrna-mhàireach bha an dithis againn a' tilleadh dhachaigh dhan Eilean Sgitheanach, far an robh ar teaghlaichean agus ar cuid chosnaidhean a' feitheamh oirnn.

    Bha rudan againn ri dhèanamh aig an taigh nach b' urrainnear a chur dheth, agus mar sin thill sinn dhan Eilean Sgitheanach, le rùn romhainn tilleadh air ais a choiseachd an ceann mìos. Chuir sinn Diluain an 9mh latha dhen Iuchar romhainn anns an leabhar-latha airson an dara pàirt dhe ar cuairt a dhèanamh, an turas seo suas tro Uibhist gu Miughalaigh fhèin aig a' cheann thall.

Friday 15th June: The west coast of Harris. Luskentyre beach radiant with all the colours imaginable – surely this is the most beautiful beach in the world? This is what we are destroying in our insatiable search for profit and power. Capitalism as a self-devouring monster:

    The Giant

    When the giant woke
    he was hungry

    but when he looked about

    there was nothing to eat,
    because he'd eaten everything

    already.

Fishing boat and weathered paint, Huisinis, Harris

Mi smuaineachadh air dath na grèine,
is dath an fheòir,
is dath na fala a bh' air do bhilean,
is dath an dòchais a bha mi sireadh.

Ruaraidh MacThòmais, 'Eadar Samhradh is Foghar'

So,
he began chewing his own
big toe

and

before nightfall
he was dead

from hunger.

One moment the sea is azure, the next blue and green, then purple and white … I remember the first picture my wife Lyndsay (who's a painter and sculptor) ever gave me as a present, when we were just friends, with no notion of ever getting together. Six tiny drawings of the ford between Iochdar in South Uist and Benbecula, painted in different colours – green and yellow and orange and purple and blue and red. These were the colours she saw in the sea when she stayed in Iochdar for a while in the 80s.

She had no Gaelic then, and she once said to me that it was the (bare) beauty of Uist which had drawn her to Gaelic. I wonder if the evident beauty of Luskentyre beach ever drew anyone to learn Gaelic? No doubt it has attracted many to the Islands, though the tragedy is that the language and the physical environment have been treated as separate items, as if the language was not woven into the environment. Isn't the Gaelic language as much a part of the Harris environment as its great beaches and hills?

I spend a beautiful day walking down the west coast of Harris all the way to Rodel (since Harris has two roads. Cailean chose to take the much more arduous up-and-down eastern route over the Golden Road). I managed 15 miles of walking today (and had myself fitted for a hand-made Harris Tweed jacket on the way at Donald John MacKay's splendid little tweed shed in Luskentyre!), but when I met Cailean at the end of the day at the historic Rodel

Tarbert, Harris

tairbeart, eirt, -an, *s. f.* Isthmus. 2* Superabundance. 3(McL & D) Peninsula.

Edward Dwelly, *The Illustrated Gaelic-English Dictionary*

Duille dhà lionn – '**Leaf of two liquids**' (air and water).

Duilleag eadar dhà lionn, 'leaf between two liquids', name of the water-lily. The root of the white variety of water-lily, when heated to a high temperature, yields a beautiful black dye which is much in use. Women sometimes lose their lives in getting the plant. (Hence the other name *duilleag bhàidhte*). It is common throughout the isles.

Logais is another word for water-lily. *Logais* - a round foot, broad *bauchle*, a shapeless sandal, a squat woman, the leaf of the water-lily, the hoof of the foal. The contour of the leaf of the water-lily and that of the hoof of the foal are similar. The word occurs in a song of Skye with the chorus: *Mo roghainn 's mo rùn a chunna mi 'n dè/ Gun taghainn dhomh fhèin gun stòras i:*

Latha dhomh 's mi falbh nam fuarbheann,
Thachair a' ghruagach òg orm.

Bha i fodha gu dà chruachainn
'S i ri buain nan lògaisean.

A day that I traversed the cold mountains I fell in with a young maiden. She was immersed to her two hips pulling the water-lilies.

The root of the water-lily is used for dyeing jumpers. Fixed with alum or *dubhach* it gives a lustrous black. It grows in gnarled clusters, extremely tough and difficult to pluck, and, being in deep water, not infrequently women lose their lives securing it.

Carmina Gadelica Vol V1: Gaelic Words and Expressions Collected by Alexander Carmichael (edited by Angus Matheson)

ANGUS PETER CAMPBELL & CAILEAN MACLEAN

Harris, East Side

The narrow bay
Has a knuckle of houses and a nail of sand
By which the sea hangs grimly to the land.

Norman MacCaig, 'Harris, East Side'

St Clements, Rodel, Harris

'At 3.30 we landed at Rowdill, a complicated little harbour with two entrances on the SE side of Harris, our steering point from Sunish being a mountain called Roneval immediately north of it, a complete mass of white stones among which the Ptarmigan breeds. There is a cathedral at Rowdill the capital of the island …'
George Atkinson, *Expeditions to the Hebrides* (1831)

Church, he'd done 17 miles! What a gorgeous church St Clement's Rodel is. There has been a church here since the time of Columba, but the great stone church we see today is the one rebuilt by Alastair Crotach, the eighth chief of the MacLeod of Harris and Dunvegan, in 1528 and then after falling into some disrepair further renewed by Captain Alexander MacLeod between 1779 and 1784, and then again finally rebuilt to its present state in 1873 by the Dowager Countess of Dunmore, who owned Harris in the 19th century. As the great local historian Bill Lawson puts it in his splendid book about Harris – *Harris in History and Legend* – "Unlike many Victorian 'improvers', the countess' architects kept as closely as possible to the original scheme, with the result that the church is by far the most beautiful building in the whole of the Hebrides." I would personally add that it is one of the architectural and artistic jewels of all Scotland.

Due to prior commitments, Cailean and I have to return back home to Skye tomorrow, but plan to resume our journey in a month's time. We set Monday the 9th of July in our diaries, at which point we'll head south from Rodel through the Uists, eventually aiming for Mingulay.

Diluain 9mh Iuchair: Suas gu deas, ma-thà, mar a chanas iad an Uibhist. Saoil a bheil an cleachdadh sin cumanta ann an àiteachan eile san t-saoghal? Tha 'Tuath' daonnan air fhaicinn mar 'Shuas' air na mapaichean, ach cò thuirt gur ann 'shuas' a bha e seach 'shìos'? 'S nach faodadh 'Deas' a bhith a cheart cho cinnteach 'shuas' seach 'sìos'? Feumaidh mi a Ghoogladh feuch dè thig an-àird. 'S tha Google ag aontachadh rium! Seo bho Wikipedia nuair a chuireas to steach am facal 'North' – "The choice of the north as corresponding to up in the northern hemisphere, or of south in that role in the southern is, prior to world-wide communication, anything but an arbitrary one. On the contrary, it is of interest that Chinese culture even considered south as the proper top end for maps." Agus tha mapaichean ann a tha 'bun-os-cionn', mas e sin am facal, leis an Artaig agus na dùthchannan Lochlannach 's Alaska is Canada 's na Stàitean Aonaichte aig a' bhonn, agus an Antartaig 's Astràilia 's mar sin air adhart aig a' mhullach. Tha an sanas airson a' mhapa ag ràdh, "This south-at-the-top map is a great educational tool. It challenges basic notions of 'up' and 'down'. True 'up' from our standpoint on the earth is away from the centre, and the earth in space has no inherent up or down …"

Mar sin, tha sinn a' dol suas gu deas, a' tòiseachadh air Eilean Bheàrnaraigh 's a' dèanamh air Hoghaigearraidh ann an Uibhist-a-Tuath tarsainn a' mhachaire, a tha fo làn-bhlàth an t-samhraidh. Bhon is e seo a' chiad latha air ais a' coiseachd, tha sinn ga ghabhail caran air ar socair, 's a' dèanamh dìreach ochd neo naoi a mhìltean an-diugh. Tha an traon pailt san àite seo, agus tha ceòl binn an eòin fhalaichte seo gar leantainn 's gar treòrachadh tarsainn a' mhachaire fad an rathad gu Hoghaigearraidh.

Tha sinn a' cur seachad beagan ùine ag innse sgeulachdan dha chèile. Tha Cailean ag innse mun fhear à Uibhist air an robh athair eòlach a bha a' seòladh timcheall Cape Horn, agus fhad 's a bha e shuas air an spiris anns an uisge chuala na balaich eile a' sìor ràdh ris fhèin, "Fuiling, a bhugair, dh'òl thu d' oilsginn." Abair fèin-pheanasachadh! Feumaidh gun robh oidhche mhòr air a bhith aige ann an New Zealand air an rathad a-mach!

Tha sinn a' dèanamh suas ainmeannan son filmichean – "The Shawbost Redemption," tha Cailean ag ràdh. "From Here to Kiltarlity," arsa mise. "From Ross-shire with Love," ars esan. "One Flew Over the Guga's Nest," thuirt mise. "Bac to the Future," thuirt Cailean …'s cha do dhìochuimhnich sinn "Last Tango in Harris" a bharrachd!

Monday 9th July: Up south (or more precisely Up sous) as they say in South (Sous) Uist. I wonder if this notion of going "up" south and "down" north is common in other communities throughout the world. North is always depicted as up at the top on maps, but who said it was 'up' rather than 'down'? And couldn't South just as surely be 'up' rather than 'down'? I'll need to Google it to check. And Google agrees with me! Here's part of what Wikipedia says when you type in the word 'North' – "The choice of the north as corresponding to up in the northern hemisphere, or of south in that role in the southern is, prior to world-wide communication,

Folly, Loch Scolpaig, North Uist

There is such a number of fresh-water Lakes here, as can hardly be believ'd: I myself and several others endeavour'd to number them, but in vain, for they are so dispos'd into turnings, that it is impracticable.

Martin Martin, *A Description of the Western Isles of Scotland* (1716)

SUAS GU DEAS

anything but an arbitrary one. On the contrary, it is of interest that Chinese culture even considered south as the proper top end for maps." And there are upside-down maps, though that's not the proper expression, which have the Arctic and the Scandinavian countries and Canada and North America etc at the bottom of the charts, with the Antarctic and Australia and so forth at the top. The sales pitch for the map says, "This south-at-the-top map is a great educational tool. It challenges basic notions of 'up' and 'down'. True 'up' from our standpoint on the earth is away from the centre, and the earth in space has no inherent up or down …"

The sibilant s sound of 'Sous Uist' – where the 'th' sound in a word tends to be sounded as an 's' - must be connected with the fact that in the Gaelic language the 'th' sound is almost silent – so that, for example, when you say "Tha", meaning "Yes" it's merely pronounced as in the English "Ha". Same with other words such as "Thig" ("Come"), pronounced "Hig" etcetera. So that when it comes to saying a spoken 'th' in English, native Gaelic speakers like myself tend to revert to our natural Gaelic sound and elide over it.

Anyway, it all leads to a fine sense of self-humour. "Help!" cried the English tourist as he fell into a loch. "I'm sinking!" "What are you sinking about?" asked the South Uist man passing by. A better variation is the man from South Uist in the building trade. It's a soaking wet day and all the lads are spending time in the workers' hut. They get bored. "Let's play I-spy," someone suggests. Finally it's the South Uist man's turn. "I spy," he says, "something beginning with S!" They try all the known objects in sight – "Stockings? No! *Stornoway Gazette*? No! Spade? No …" Finally they give up. "Och, you've been drinking from it all the time you've been guessing," says Archie. "It's a Sermos Flask!"

So, spatially and emotionally as well as geographically, we'll go up sous, making our way from Rodel via Leverburgh to the island of Berneray, where we walk across the causeway and make our way across the verdant North Uist machair, in its full summer bloom, towards Hougharry. Since this is our first day's walking for a month, we take it slightly easy and only do eight or nine miles across the flower-strewn machair. The corncrake is abundant in this area,

Cottage beside Tràigh Bhàlaigh, North Uist

Fraoch a Rònaigh, muran a Bhàlaigh …
Crois iar nan cliar, crois iar Sholais,
Beinn Dubh Sholais, Aird a' Bhorrain

and the sweet distinctive sound of this hidden bird follows and guides us across the machair all the way to Hougharry. It is good to feel the sand beneath our feet again and to smell the sea air: we were born to it, and I certainly feel disorientated if I'm not somewhere near the sight or sound of the sea. I have always lived in sea-land locations, in Uist, Seil, Edinburgh, Inverness, Aberdeen and Skye, and feel somewhat depressed if forced by circumstances to spend time inland. Even when in London and Paris I've had to walk down by the murky Thames and Seine to survive. I yearn for freedom.

As we walk we spend some time telling stories. Cailean tells me of the island man his father knew who was on the old sailing ships around Cape Horn. As he worked in the lashing wind and rain up in the crow's nest, he was heard to mutter to himself under his breath all day long, "Suffer, you bugger – you drank your oilskin." It must have been a big night in Wellington on the way out to have brought such self-penitence!

We invent film titles as we walk – "The Shawbost Redemption," Cailean says; "From Here to Kiltarlity", I respond. "From Ross-shire with Love," he says. "One Flew Over the Guga's Nest", I suggest. "Bac to the Future," says Cailean … and don't worry, we didn't forget "Last Tango in Harris"!

Dimàirt 10mh Iuchair: Tha sinn an dùil coiseachd o Hoghaigearraidh dhan a' Chlachan agus an uairsin a null gu eilean Ghriomasaigh an-diugh. Cho àlainn agus a tha taobh siar Uibhist-a-Tuath, a tha fo ùghdarras an RSPB an seo. 'S e raon-glèidhteachais a tha seo, agus ged a tha ùpraid is connspaid gu leòr timcheall nan àiteachan sin, le cuid ag ràdh gu bheil iad a' cur stad air leasachaidhean, chan eil teagamh sam bith agam nach e rud riatanach agus cuideachail a th' ann.

Tha sinn a' coiseachd tro raon-glèidhteachais Bhaile Raghnaill a dh'aona-ghnothach (rud a tha ceadaichte!) – o chionn 's gu bheil e cho fuaimneach, agus cunnartach, coiseachd air an rathad-mhòr. Fiù 's an seo anns na h-eileanan tha an trafaig trang gu leòr, gu h-àraidh nuair a bhios aiseag a' falbh neo a' tighinn, agus tha sin fhèin gar dèanamh mothachail air cho socair agus sàbhailte agus a tha an raon-glèidhteachais. Tha mi smaoineachadh air cho mòr agus a tha am feum againn air àiteachan-coisrigte a bharrachd air rathaidean-mòra, air àrainneachd a bharrachd air goireasan.

    Tha sinn a' dol tarsainn na fadhlach faisg air Cladach Iollaraigh, agus a' tuigsinn às ùr an cunnart 's an spàirn a bh' ann anns na seann làithean faighinn tarsainn nam fadhlaichean sin. Nach iomadach sgeul a tha ceangailte riutha, de ghaisgealachd is eile. 'S nach iomadh òran cuideachd a chaidh a dhèanamh anns an dearbh sgìre seo, eadar òran Seasaidh Bhaile Raghnaill agus 'An Eala Bhàn', bho 'Smeòrach Chlann Dòmhnaill' aig MacCodrum gu 'Fraoch à Rònaigh':

> Fraoch à Rònaigh, muran à Bhàlaigh;
> Fraoch à Rònaigh, muran à Bhàlaigh.
> Crois iar nan cliar, crois iar Sholais,
> Crois iar nan cliar, crois iar Sholais;
> Crois iar nan cliar, crois iar Sholais,
> Beinn dubh Sholais, Àird a' Bhorrain …

Agus b' ann às an sgìre seo cuideachd a bha an sgoilear ainmeil sin an t-Urramach Uilleam MacMhathain nach maireann. Nach mi bha gòrach nach deach mi ga fhaicinn fhad 's a bha mi ann an Oilthigh Dhùn Èideann eadar 1970-74, oir aig an dearbh àm bha Uilleam aig àird a chomais ag obair a-mach à Roinn na Ceiltis ann an Ceàrnag Sheòrais. Ach bha mi ro thrang ag òl, 's a' cluich ball-coise, gus am faca mi an solas. 'S an uairsin bha e ro anmoch gus suidhe aig casan an eòlaiche.

    A-null feasgar tha sinn a' ruighinn Chàirinis, am baile ainmeil sin far an deach am blàr mòr eadar na Dòmhnallaich agus Clann MhicLeòid a chuir aig an làrach ris an can iad Fèith na Fala ann an 1601. Ged a chaidh an latha le Clann Dòmhnaill, chaidh an ceannard aca, Dòmhnall Mac Iain 'Ic Sheumais, a leòn, agus b' ann dhàsan a chaidh an t-òran iongantach sin A Mhic Iain 'Ic Sheumais a dhèanamh:

Lachlan Morrison, Grimsay

A Mhic Iain 'Ic Sheumais,
tha do sgeul air m' aire –
air fal al ail li leò, air far al ail li leò,
latha Blàr a' Chèidhe,
bha feum air mo leanabh.

Hì èileadh è hò
hi ri 's hò ro ho hao ò
chall èileadh ò hò
's hi rì ho ro ho, hì ho …

Tha an togalach – neo an tobhta – ainmeil Teampall na Trianaid an seo ann an Càirinis cuideachd. B' e abaid a bha seo a chaidh a thogail aig toiseach na 13mh linn le Beathag, a' chiad bhan-Aba a bh' ann an Ì Chaluim Chille, ach chaidh an togalach a leudachadh a-rithist le Aimidh Nic Ruairidh, bean Iain, Triath nan Eilean. B' ann aig an àm sin a thog an t-àite cliù fad' is farsaing airson sgoilearachd is eòlas, ach air do Thighearnas nan Eilean crìonadh às dèidh 1498, chaidh cùisean às a chèile agus chaidh an togalach fhèin, a rèir eachdraidh, a mhilleadh aig àm an Ath-Leasachaidh anns na 1560an, nuair a chaidh nithean prìseil mar làmh-sgrìobhaidhean is leabhraichean is obair-ealain a thilgeil dhan mhuir, a rèir beul-aithris.

An-diugh tha an Teampall na chùis-nàire, air a leigeil bhuaithe 's le feanntagan cho àrd ri ar glùinean feadh an àite an latha bha sinn ann.

Tuesday 10th July: We intend to walk from Hougharry to Clachan, then across to the island of Grimsay today. How beautiful the west coast of Uist is, which is under the stewardship of the RSPB in this particular area of Balranald (from the Gaelic *'baile'* meaning a homestead which was obviously farmed at one time by the Norse-named Ronald – hence Ronald's Homestead).

This is now an officially-designated Nature Reserve, and though there's plenty controversy over these designated areas, with many arguing that they stand in the way of development and economic progress, I have no doubts whatsoever that they are necessary and valuable.

We have chosen to walk through the Balranald Nature Reserve (which has public access through it) not only because it is beautiful but also because it is quieter and safer. Even here on the islands, the main-road traffic is busy, especially when the ferries arrive and leave (which they do every second hour). As we walk through the nature reserve I realize afresh how much we all need consecrated places as well as high roads, quiet and ecology as well as development and infrastructure.

We cross the ford near Cladach Iollaraigh and realize again the struggles and dangers involved in crossing these dangerous fords in the old days before the causeways. They bear a number of stories. And I think too of the songs that this special area of North Uist gave birth to – the great love song connected to Seasaidh Bhaile Raghnaill and the equally great love song composed by Donald Ruadh Chorùna in the First World War trenches to his sweetheart left behind in Uist; the rousing praise-song to the MacDonalds composed by Iain MacCodrum, 'The Thrush of Clan Donald', and that fine pibroch-song so specific to the area:

> "Heather from Ròna, marram-grass from Vallay,
> Heather from Ròna, marram-grass from Vallay.
> Western cross of the clergy, western cross of Sollas,
> Western cross of the clergy, western cross of Sollas;
> Western cross of the clergy, western cross of Sollas,
> Dark mountain of Sollas, headland of Vorran …"

And I remember that the great scholar the Reverend William Matheson was also from this district. How foolish I was not to have gone to see him when I was a student at the University of Edinburgh between 1970-74, for at that very time Willie Matheson was at the very height

Sòrnach Coir' Fhinn, Langais, North Uist

OS 6" map, Inverness-shire, 2nd ed. (1904)
This stone circle is known locally as Sornach a' Phobuill although shown by the OS as Sornach Coir' Fhinn.

The circle is slightly oval, 130ft NW-SE by 115ft NE-SW. Its circuit is marked by a slight bank in which 13 erect stones can be counted. More may exist below the peat as the positions of those visible suggest that over 50 stones would be needed to complete the circle. Eleven of the stones stand from 1 to 1¼ft above the peat: a thin pointed pillar on the east stands 5ft high, and, in the NW, another stone, 3½ft high, stands in a slight hollow.

E Beveridge 1911; RCAHMS 1928.

Royal Commission on the Ancient and Historical Monuments of Scotland

of his powers, working out of the Celtic Department in George Square. But I was too busy drinking and playing football, until I saw the light. By which time it was too late to sit at the feet of the master. In my life, I have un-learned more than I have ever learned.

By early evening we reach Carinish, where the famous (and bloody) battle was fought between the MacDonalds and the MacLeods in 1601 at the site thereafter called the Ditch of Blood. Though Clan Donald won the day their leader, Donald MacDonald (Donald son of John son of James), was badly wounded and the great song 'A Mhic Iain 'Ic Sheumais' was composed to and for him:

> *O son of John, son of James,*
> *your fate is on my mind –*
> *air far al ail li leò, air far al ail li leò (vocables)*
> *the day of the Battle of the Kay,*
> *my child was in need,*
> *the day of the battle of the ditch*
> *your shirt was bespattered,*
> *the blood of your fragrant body*
> *was seeping through the linen …*

Murdo MacLeod, Grimsay

The song legacy from these brutal times is remarkable. How our notions of heroism and fame and valour have changed in our celebrity age.

The ruins of Trinity Temple are also here in Carinish. This was originally a monastery, built in the early 13th century by Beathag, the first prioress of Iona, but the buildings were later enlarged by Amie Mac Ruairidh, wife of John, Lord of the Isles, after which Trinity (the church had been dedicated to the Holy Trinity) gained an enormous reputation for scholarly excellence. But when the Lordship of the Isles went into terminal decline after 1498, scholarship and learning went with it and the building itself was reputedly ransacked in 1560 during the Reformation, with valuable books, priceless manuscripts and works of art being burned or thrown into the sea.

Today the Temple stands as a disgraceful ruin, with overgrown nettles reaching up to our thighs the day we were there.

Diciadain 11mh Iuchair: Timcheall Ghriomasaigh, agus coiseachd a Bheinn a' Bhadhla. Tha sinn a' tadhal an toiseach air Lachlainn Phàdraig agus a bhean Theona agus am mac Pàdraig, a bha na cho-chleasaiche anns a' film *Seachd* còmhla rium. Tha Lachaidh a-nis 84, agus a' coimhead gu math èasgaidh, agus 's e dh'fhaodadh (agus a dh'fheumadh!), is mac aige a tha dìreach 10 bliadhna dh'aois! Tha ceangal mòr aig Lachaidh ri Heidhsgeir, oir chaidh e a dh' fhuireach an sin còmhla ri athair 's an còrr dhen teaghlach nuair a bha e na dhuine òg o chionn 60 bliadhna, dìreach às dèidh an Dara Cogaidh. Tha Lachaidh a' sealltainn nan seann dealbhan o na làithean sona sin air Heidhsgeir dhuinn, agus abair gu bheil iad taitneach.

Nuair a dhealaich sinn, thug Lachaidh dhomh tiodhlac sònraichte – copaidh dhen leabhar de sgeulachdan agus òrain a rinn athair, Pàdraig Moireasdan, còmhla ri Dòmhnall Eàirdsidh Dòmhnallach nach maireann o Sgoil Eòlais na h-Alba fon ainm *Thugam is Bhuam*. Tha e a' sgrìobhadh 'Gu Aonghas Phàdraig bho Lachlainn Phàdraig' air. Mus falbh sinn tha mi fhìn 's Cailean a' cur plàsdairean beaga air na 'blistearan' a tha air nochdadh air bonn ar casan. Tha sinn a' còmhradh mun Ghàidhlig a th' air 'blister'. "Builgean-fala," tha sinne ag ràdh, ach tha Lachaidh còir a' tighinn an-àirde le facal nach cuala mi fhìn no Cailean roimhe – "O, 's e driùcan a bhiodh aig na seann daoine air." Às dèidh làimh tha mi a' coimhead an fhacail suas ann an Dwelly, 's chan eil e a' cur iongnadh sam bith orm gun robh Lachaidh cho ceart 's a ghabhas, oir seo mar a tha 'driùcan' air a mhìneachadh anns an fhaclair mhòr sin – 'incision under one of the toes – *Islay & Lewis.*' Uaireannan, tha fhios gun robh fiù 's Dwelly ro chumhang!

Cha mhòr nach e latha cèilidh tha seo. Às dèidh taigh Lachlainn Phàdraig fhàgail tha sinn

Loch an Eilein, Dreumasdal, South Uist
The ruins of Caisteal Bheagram are on a small island in this loch.

Cha leig mi chaoidh a dhìochuimhn'
Uibhist ghrianach nan gleann uain'

Donald Allan MacDonald, 'Òran Uibhist'

a' tadhal air Murchadh MacLeòid 's a bhean Ceiteag. A bharrachd air tuilleadh sgonaichean is tì (tha e cho math gu bheil sinn a' coiseachd son cuideam nan sgonaichean seo a thilgeil dhinn!) tha Murchadh a' toirt tiodhlaic sònraichte eile dhomh – bata a rinn e fhèin. Ach tha e gu math inntinneach dhomh nach e am facal 'bata' a tha e a' cleachdadh air a shon gu nàdarra idir, ach am facal 'lorg' a tha air a chleachdadh anns a' Bhìoball – anns an t-seagh as ainmeile anns an treasamh Salm thairis air an fhichead:

> Airson gu bheil thu leam a-ghnàth,
> do lorg, 's do bhata treun,
> Tha iad a' tabhairt comfhurtachd
> is fuasglaidh dhomh am fheum.

Mar sin, tha lorg agam airson an rathaid mhòir. 'S e latha brèagha grianach a th' againn son coiseachd timcheall Ghriomasaigh, agus abair gur e eilean beag, grinn sgiobalta th' ann, le eathraichean beaga dhe gach dath a' dèarrsadh anns na bàigh.

Tha sinn a' coiseachd fad an rathad a Bheinn a' Bhadhla tarsainn nan cabhsairean a chaidh a mhilleadh gu dona anns an stoirm mhòr a rinn an lèirsgrios ann an 2005 air teaghlach Mhic a' Phearsain 's nan Caimbeulach. Tha sinn a' dol seachad air taigh Chaluim Chaimbeil, am pìobaire ainmeil a chaill a bheatha san stoirm còmhla ri a nighean, an duine aice agus a' chlann. Tha mi cuimhneachadh air Cuairt nam Bàrd a ghabh mi còmhla ri Calum còir a dh'Èirinn ann an 2004, agus na puirt ghrinn a chluich e dhuinn uile air a' phìob mhòr ann an Conamara.

Ann am Beinn a' Bhadhla fhèin tha sinn a' gabhail rathad na mòintich tarsainn Sliabh na h-Àirde agus a' tighinn aig deireadh an fheasgair gu Bàgh Chula air an taobh siar: gainmheach gheal is muir ghorm cho fad' 's a chì sùil. Nam aonar an sin tha mi smaoineachadh, airson adhbhar air choreigin, air Napoleon Bonaparte air St Helena. Chan e gu bheil gainmheach gheal mar seo air St Helena, fhad 's as aithne dhomh, ach tha fhios gun robh a' mhuir dhomhainn

ANGUS PETER CAMPBELL & CAILEAN MACLEAN

fharsaing a' dùsgadh nan aon smuaintean annsan – air cho cumhachdach agus sìorraidh agus a tha a' mhuir agus cho lag agus cho aimsireil agus a tha sinn fhìn.

Wednesday 11th July: We intend to walk round the island of Grimsay then on down to Benbecula. But first we call in to see Lachie Morrison, his wife Theona and their son Patrick, who was my co-actor in the Gaelic feature film *Seachd – The Inaccessible Pinnacle.* Lachie is now 84 and looking hale and frisky, as well he might (and needs to be!) with a young son aged ten! Lachie has a strong connection with the small isle of Heisker which lies to the west of North Uist, for he went to live there with his father and the rest of their family for a few years when he was a young man around 60 years ago, just after World War Two. Lachie shows us some great old photographs from these days, when his father tried (but ultimately failed) to re-populate Heisker. He had hoped other families would join them, but they didn't, so Heisker was once more left to the sheep and the birds.

As I left, Lachie gave me a special gift – a copy of a new edition of a book of his father's stories and songs, first collected by the scholar Donald Archie MacDonald of the School of Scottish Studies over forty years ago. Lachie inscribes it "To Angus Peter from Lachie Peter". Before we leave we chat about our long walk, and mention that we did get some blisters on our feet, especially on the early days of our journey. We wonder what the right Gaelic word for 'blister' is – Cailean and I have tended to use the word 'builgean-fala', which essentially translates as 'a bruise of blood', but Lachie immediately mentions a word 'driùcan' which neither Cailean nor I have heard of. Afterwards, I check the word out in Edward Dwelly's wonderful Gaelic dictionary, where – of course – Lachie the linguist is vindicated. 'Driùcan,' it says, 'is an incision under one of the toes – *Islay & Lewis.*' Sometimes even the great Dwelly curtailed the vision!

We make it a ceilidh morning: having just left Lachie's house, we stop by Murdo and Katie MacLeod's house, for more tea and scones (just as well we're doing all this walking to

Sun setting over the Atlantic.
From Beinn a' Charra, South Uist

Of all the islands I'd visited, there was something about South Uist that just won me; it was like falling in love

Margaret Fay Shaw, *From the Alleghenies to the Hebrides*

shed the scone-pounds!), and here I am given another gift, a walking-stick hand-made by Murdo. Except that Murdo doesn't use the word 'walking-stick' at all in Gaelic but the Biblical phrase for rod/staff, as found for example in the 23rd Psalm:

> Yea, though I walk in death's dark vale,
> Yet will I fear none ill:
> For thou art with me; and thy rod
> and staff me comfort still.

I therefore now have another rod and staff for the rest of my journey. It's a beautiful sunny day for walking round Grimsay, and what a lovely little island it is, with small boats of every colour bobbing in the bays. We walk all the way to Benbecula across the causeways which were so badly damaged in the huge storm of 2005 which killed five members of the MacPherson and Campbell families. We pass the empty house of the late Calum Campbell, the very fine piper who lost his life in the storm alongside his daughter, her husband and their two young children. I think about the Poets' Tour of Ireland in 2004 when my fellow poet Norman Campbell and I were accompanied by Calum the Piper and Maggie MacInnes, the great Barra singer, around Connemara.

In Benbecula itself we take the quiet moor road across Sliabh na h-Àirde (The Brae of the Promontary), and by early evening arrive at Culla Bay on the west coast of the islands: white sands and a blue-grey sea as far as the eye can see. As I walk the white beach alone, for some reason the name 'Napoleon' comes into my head, and I think of how often my English teacher, the great poet Iain Crichton Smith, would mention Bonaparte's name in class. As a teenage lad in his class in Oban High School, I often thought that Iain was obsessed with Napoleon, and always wondered why. Now, of course, I know: he identified with his loneliness. More precisely, perhaps with his remarkable mixture of power and emptiness. I am no Napoleon, but the sea reminds me too of my own weakness and temporality in a vast eternity.

Diardaoin 12mh Iuchair: An-diugh tha sinn ag amas air dèanamh eadar Creag Goraidh ann am Beinn a' Bhadhla agus Bòrnais ann an Uibhist-a-Deas, taobh a' mhachaire. Mar sin, an toiseach tha sinn a' coiseachd a-steach tron Ìochdar, far a bheil sinn a' tadhal air an sgoil, anns a bheil Fèis Tìr a' Mhurain a' gabhail àite. Grunn dhaoine òga an sin air an dòigh a' dèanamh iomain is dràma is ceòl is eile. Nach buidhe dhaibh, ged a bha ar n-iomain 's ar dràma 's ar ceòl fhìn againne cuideachd nuair a bha sinn an aois aca, a-muigh aig a' mhòine neo air a' chladach.

Agus gu dearbha 's ann air a' chladach a tha sinn a' dèanamh. Ged nach eil mi fhathast buileach cinnteach dè an diofar eadar 'cladach' agus 'tràigh' agus 'machaire', no càite dìreach a bheil machaire a' crìochnachadh agus cladach a' tòiseachadh agus cladach a' crìochnachadh agus tràigh a' tòiseachadh. "Tha e air a' mhachaire," chanamaid mu fhear a bha ag obair air an arbhar air a' mhachaire; "Tha e aig a' chladach" air fear a bhiodh ag obrachadh nan stamh an sin, agus "Tha e air an tràigh" mu fhear a bha tional shìos mu oir na mara. Nach àraidh nach robh smuain air a bhith shìos an sin mar chur-seachad, ged tha fhios gur e 'concept' nuadh a tha sin, oir nach robh a h-uile nì ceangailte còmhla co-dhiù?

Dìreach mar na faclan 'làithean-saora' neo 'saor-làithean'. B 'e coigreach a bhiodh a' gabhail 'làithean-saora'. Na 'hikers' mar a bh' againn orra, o thìr-mòr. Cha robh beachd sam bith gum faigheadh ar leithid-ne 'làithean-saora': cha tàinig an smuain riamh a-steach oirnn nuair a bha sinn a' fàs suas. Tha cuimhn' a'm an uairsin nuair a ghluais sinn mar theaghlach a-mach dhan Òban ann an 1965 tilleadh às dèidh a' chiad shamhradh dhan Àrd-Sgoil agus nighean a' faighneachd dhomh cà' 'n deach mi air mo làithean-saora. Bha e mar gum faighnicheadh i dhomh an robh mi air a bhith air a' ghealaich. Ach bha nàir' orm a ràdh nach robh sinn an àite sam bith agus mar sin, mar nach robh e gam chur suas neo sìos, dh' innis mi a' bhreug. 'O,' arsa mise, 'bha sinn ann an Glaschu. Son cola-deug.'

Sin a' chiad bhreug a tha cuimhn' agam innse.

Alasdair MacEachen

A' coimhead air ais air mo bheatha, seo an dà rud a dh'atharraichinn: ghabhainn gach cothrom le làn-fhios nach till e rithist, agus bhithinn air èisteachd na b' fheàrr le na seanairean.

Air an rathad a-steach tron Ìochdar tha tè a bha na h-oileanach agam o chionn beagan bhliadhnachan air ais ann an Sabhal Mòr Ostaig gar gairm a-steach. Seo Catrìona Nic-a-phì agus i dhachaigh an Uibhist air na làithean-saora (!) còmhla ris a' chlann bheag aice. Tha sinn a' gabhail cupa tì còmhla riutha, 's nuair a tha sinn a' fàgail tha mi ag ràdh ris a' ghille bheag aice gu bheil mi nist a' dèanamh air a' chladach. "Ach cha bhi bodaich a' dol dhan chladach," tha e ag ràdh rium! Mar a tha an ùine air a dhol seachad!

Tha Cailean ag innse sgeulachd bheag fhìrinneach dhomh mu Mhaighstir Iain a bha fuireach san Ìochdar, a chaidh a chur a' chatecism air balach beag ann an Àird a' Mhachaire. "Nis," arsa Maighstir Iain ris a' ghille bheag, "seo a' chiad cheist – Cò a rinn thu?" Agus fhreagair am balach beag gu ceart, "Rinn Dia." Mar sin chuir Maighstir Iain an dara ceist air, dìreach mar a tha i ann an leabhar nan ceist, "Agus carson a rinn Dia thu?" Smaoinich am balach airson mionaid, agus an uairsin thuirt e, "Chan eil fhios a'm bho Dhia, Athair, ach gheibh mi a-mach!"

Tha na bratachan a-muigh air raon nan rocaidean air machaire Ghèirinis, 's mar sin tha sinn a' gabhail taobh eile. A dèanamh air na Meadhanan: sgìre a bha cho ainmeil a thaobh beul-aithris. B' ann san sgìre seo, ann am baile beag Shnaoiseabhail, a thog am fear-cruinneachaidh KC Craig ulaidhean de dh'òrain-luaidh bho Mhearag, Màiri nighean Alasdair Ruaidh, dìreach às dèidh an Dara Cogaidh.

Tha cuimhn' a'm bruidhinn bliadhna neo dhà air ais ri Dòmhnall Neillidh, a bha 'g innse dhomh gun robh esan dìreach air an sgoil fhàgail aig an àm sin, agus bhon a bha baidhsagal aige gun d' fhuair e beagan cosnaidh a' giùlain an inneal-clàraidh aig Craig feadh na sgìre. Bha cuimhn' aig Dòmhnall air bodach a thuirt ris, "Cùm clioras an duine sin – tha e còmhdaichte ann am fuil." Agus, ceart gu leòr, beagan bhliadhnachan às dèidh sin chaidh Kirkland Craig bochd a mharbhadh thall ann an Iùgo-Slàbhia ann an crith-thalmhainn.

Evening, Daliburgh, South Uist

O mo dhùthaich 's tu th' air m' aire
Uibhist chùbhraidh ùr nan gallan,
Far am faighte na daoin'-uaisle,
Far 'm bu dual do Mhac 'Ic Ailein.

Allan MacPhee, 'O Mo Dhùthaich'

SUAS GU DEAS

Bha mi faighneachd do Dhòmhnall mu na seann chèilidhean, agus saoilidh mi gun do thuig mi bhuaithe gur e rud gu math "deamocrataigeach" a bh' annta: bha a h-uile duine a' faighinn cothrom. Fiù 's nuair a thigeadh e gu gnothaichean ana-ghnàthaichte mar an dà shealladh 's mar sin air adhart – aig deireadh an latha b' e an còmhlan a dhèanadh aonta. Tha mi smaoineachadh air an diofar eadar cèilidh agus consart: cho saoirsneachail 's a bha an cèilidh agus cho smachdaichte agus a tha an consart, le clàr-ruith is eile, gu h-àraidh nuair a tha na meadhanan an sàs, mar a tha iad nas trice 's nas trice.

Fiù 's ged a bha na seann chèilidhean cuideachd mu dheidhinn smachd is rian, bha am mathas seo mun deidhinn: bha an smachd a' tighinn bho na daoine fhèin agus chan ann bho riochdairean proifeiseanta. Seo dàn beag a rinn mi mu na seann chèilidhean às dèidh dhomh èisteachd ri na bha aig Dòmhnall Neilidh ri ràdh mu thaibhsean 's mu bhòcain is eile:

Deamocrasaidh nam Manaidhean

Nuair a chitheadh fear sealladh,
rachadh e uaireigin a-rithist
dhan taigh-chèilidh,
's nuair a bhiodh e teannadh anmoch
dh'innseadh e dè chunnaic e.

Chanadh fear siud
is chanadh fear seo
is chanadh fear eile rud eile
is chumadh cuid balbh,
's rachadh aonta a dhèanamh,
agus b' e sin an sealladh.

Poppies on the machair, South Uist

Meilbheag, -eig, -an, *s. f.* Poppy – Papaver Rhoeus.
Meilbheagach, -aiche, a. Abounding in poppies.

Edward Dwelly, *The Illustrated Gaelic English Dictionary*

Ann a Hogha tha sinn a' coinneachadh ri Iain Sutharlanach, a bhios a' cluich a' bhanjo. Tha e suidhe air balla-cloiche agus a' toirt dhuinn port neo dhà a tha gar cur uile ann am fìor dheagh shunnd. Shìos air machaire Hogh tha sinn a' coinneachadh ri Dòmhnall Gallacher à Loch Baghasdail, a tha ri gilidheachd pàirt-ùine fhathast. An-diugh tha e a' treòrachadh dithis à Sasainn a tha feuchainn ri breac neo dhà fhaighinn à Abhainn Hogh. Nach iongantach cuideachd mar a bha a' chiùird seo. Nach iomadach duine tàlantach a bha nan gilidhean – Eàirdsidh Raghnaill, Eàirdsidh Munro, 's tha mi cuimhneachadh cuideachd air 'The Bobs of Balmoral' – na pìobairean ainmeil Bob Nicol agus Bob Brown a bha nan geamairean air oighreachd rìoghail Bhaile Mhoireil. Saoil an robh fhios aig na h-uaislean a bhiodh a' tadhal air an àrd-chomasan?

'S tha mi a' cuimhneachadh cuairt a ghabh mi dhan BhBC gu Sarajevo ann an 2000, agus air an dràibhear a bha stiùireadh na sgioba timcheall a' bhaile. Fear beag le aodach robach dubh nach tigeadh a-steach dhan taigh-òsta leòmach far an robh iad air sinne a chur airson fuireach. Ach 's ann nuair a thàinig an tè a bha ag eadar-theangachadh dhuinn air an fheasgar à Croatia a thuig mi uaisle is inbhe is foghlam an duine – bha e air a bhith na mhaighstir-sgoile ann an Srebrenica nuair a thàinig na feachdan aig Karadzic a mhurt 's a mharbhadh, agus bha e air ruith tro na cuirp agus air fuireach ann an coille taobh a-muigh a' bhaile son grunn mhìosan gus an d' fhuair e gu baile mòr Sarajevo mu dheireadh thall, far an robh e fhathast a' fuireach ann an campa son fògarraich. Bha a phiuthar, a bha fuireach sa Ghearmailt, air beagan airgid a chur thuige, agus bha e air seann bhan Volkswagen a cheannach às an robh e dèanamh beòshlaint air choreigin a' giùlain dhaoine.

'S tha mi cuimhneachadh cuideachd an rud a bu mhotha a thàil mo chridhe ann an Sarajevo: mar a chùm na h-igheanan òga an cuid uaisle suas le bhith gan èideadh fhèin anns a' chuid a b' fhèarr aig an àm bu mhiosa dhen chogadh. "Ge brith dè eile," thuirt iad rium, "cha robh sinn a' dol a chall ar spiorad 's ar misneachd." Rinn mi dàn beag aig an àm:

Sarajevo

Cho ruadh agus a bha na taighean,
agus cho geal na h-uaighean.

An dùthaich fhèin
mar fhoghar,
ged as fhèarr cuimhn' a'm na h-igheanan
a dhiùlt an t-earrach a thrèigsinn
agus a chuir orra an lipstick bu deirge
san t-saoghal mhòr: caileagan Muslamach
a' toirt an aghaidh air a' bhàs,
cocanntachd na h-òige anns a' chàs.

Tha Dòmhnall Gallacher ag innse sgeul bheag èibhinn dhuinn bho na làithean-sgoile aige. Bha aige ri aiste Bheurla a dhèanamh, agus a chionn 's nach robh e cho math sin air sgrìobhadh, seo an rud a rinn e – le a cead, sgrìobh e sìos, facal air an fhacal, an aiste aig a bhanacharaid a bha na suidhe anns an ath shuidheachan. B' e aiste bh' ann mu dheidhinn cù. Nuair a choimhead am maighstir-sgoile air na h-aistean, chaidh e às a rian, a' toirt trod mhòr dhaibh. "Ach, sir, " thuirt Dòmhnall, "'eil fhios agaibh, 's e an aon chù a bh' ann!"

Tha sinn a' ruighinn Bhòrnais, far a bheil sinn a' stad airson na h-oidhche.

Thursday 12th July: Today we aim to walk from Creagorry in Benbecula to Bornish in South Uist, mostly by the machair roads. Creagorry with its once famous hotel and bar, now known as the Isle of Benbecula Hotel. Like re-naming the Eiffel Tower the City of Paris Tall Structure. More whisky used to be drunk in the Creagorry than anywhere else in the whole world, and if that's not quite true then it ought to be.

Donald Gallacher, Lochboisdale, South Uist

Creagorry in the original Gaelic is two words – *Creag* meaning 'rock', and *Goraidh*, a boy's name (Godfrey). I remember reading somewhere that the place-name came from the tragic drowning of a young lad named Goraidh who had gone out rock-fishing at the time of a great famine and was drowned as he tried to catch something with which to keep his family alive. It has taken great courage – the highest of all virtues – to survive. Those who have have inherited an environment of unrivalled beauty.

We cross the South Ford by the causeway to South Uist, taking a skip as we finally enter our territory. We pass the lovely statue of Our Lady encased in her stone grotto by the roadside and turn right into Iochdar, where the local Gaelic Fèis is being held in the school. What a marvellous thing these Fèisean are, giving every youngster an opportunity to have a go at various musical instruments, from chanters to accordions, from pianos to fiddles, as well as other activities such as shinty and video-making. I suppose when Cailean and I were their age we had our own version of the Fèis, at the peats or on the machair. Though it has to be said that we both have great memories of classes held by the late Fr Calum MacNeil, including dancing-classes. As with most other activities, Cailean learned better than I did and can still do a nifty Sword Dance!

Sometimes I think "If I had my life over again, what – if anything – would I change?" Two things now impress me – looking back, how foolish I was to think I had all the time in the world. If I have learned one thing it is that invariably we are given one opportunity and, if we disdain it, it's gone forever. I believe there is redemption and always the possibility of a second – or third – chance, but by then we're different people. Take every opportunity you get. And the second thing is connected with that, I suppose – given my life all over again, what a better ear and eye I would have given to those who surrounded me. How I would have listened better to the old stories, remembered better the old songs I heard, respected more, learnt more, cared more, loved more.

We make for the shore, though I'm still not quite completely sure as to the difference

ANGUS PETER CAMPBELL & CAILEAN MACLEAN

Peat workings, east side of North Uist, looking towards Biùrabhal and Eubhal

When they are making peats, five people are employed. One cuts the peat; another places it on the brink of the ditch where it is dug; a third spreads it on the field; a fourth pairs and leans the moss; and a fifth is resting and ready to relieve the man cuts. And thus the round is taken by turns.

John Lane Buchanan, *Travels in the Western Hebrides (1793)*

between 'shore' and 'beach' and 'machair', or where exactly the machair finishes and the shore starts or where the shore ends and where the beach begins. "He's on the machair" we would say of someone who was working the potatoes down on the sandy fields next the Atlantic; "He's on the shore" about someone who was working the tangle at the high-tide lines; and "He's on the beach" about someone gathering seaweed around the low-tide mark. Of course, we had no real concept of the beach as a leisure-area, where you could conceivably lie in the sun licking an ice-cream. Maybe the wind and the incessant flies were to blame!

Just as with the notion of 'holiday' or 'holidays'. Only strangers took holidays. The 'hikers', as we called them, who came from the mainland. Or urban relatives – though they were mostly home to help on the croft or at the peats. It never crossed our minds that the likes of us would ever have 'holidays'. What, after all, would you do? Stand idly about? I remember after we moved as a family to Oban in the winter of 64-65, returning to Oban High School after the summer holidays and this girl in my class asked me, "Where were you on your summer holidays?" It had never occurred to me that you would "go" anywhere on your summer holidays. You just stayed about the house and played football. "Oh – Glasgow. For a fortnight," I answered nonchalantly, though I'd never been there in my life. It seemed the furthest possibility, and I recall it as the first lie I ever told.

On our way through Iochdar, a former student of mine calls us in from the door of a house. This is Catriona MacPhee, at home on her holidays (!) from Glasgow with her young children. We have a cup of tea together, and as I leave I tell her wee boy that I'm making for the shore. "But old people don't go to the shore," he says to me! How time has disappeared.

Cailean tells me a little story about Fr Iain who was the parish priest in Iochdar at one time and called in to see a young lad at Ardivacher to put him through the catechism. The first question in the catechism is "Who made you", and the correct answer is "God made me", which the little boy duly said. So Fr Iain came to the second question – "Now, lad," he said, "here's the second question – Why did God make you?" The little boy thought for a moment, then answered, "I swear to God I don't know, Father, but I'll find out"! Cailean says it's true, so it must be.

The Army flags are out on Rangehead on Gerinish machair, so we by-pass it. We are approaching the Middle District of South Uist, famous for its stories and folklore tradition. It was here, in the village of Snaoiseabhal, that the great collector KC Craig gathered a great number of songs from Màiri (Mearag) nighean Alasdair Ruaidh in the late 1940s. A couple of years ago I met up with Dòmhnall Neilidh of Daliburgh, who was a young man of about 14 at the time, and who had just left school in those immediate post-war years. His first job on leaving school was to carry KC Craig's recording machine all over the hills of South Uist on his bicycle. Dòmhnall remembers an old man saying to him, "Don't go near that man – he's covered in blood from head to foot." And sure enough, KC Craig was tragically killed a few years later in an earthquake in Yugoslavia – his blood-covered body was recovered from down a ravine.

I remember asking Dòmhnall how the old ceilidh system really worked, and he told me that it was quite a democratic process – everyone got a chance. Most interesting to me was that if someone came with a vision or second-sight, even that was subject to the collective consensus of the ceilidh. How different, I reflect, from the platform concert which has largely overtaken the house ceilidh: the concert, with its running-order (especially when radio and television are involved), is much more controlled and leaves little room for the unexpected. As the 21st century develops what we increasingly have even in the Gaelic world is not a communal culture but a media culture, managed rather than improvised. Where even the improvisation is carefully managed.

The ceilidh-house culture was also about control and taboos, of course, but at the least the management was from the inside rather than externally engineered. Anyway, here's my version of how the old type of ceilidh operated:

Step dancing at Ceòlas, Daliburgh, South Uist

Ciamar a nì mi an dannsa dìreach?
Ciamar a nì mi an dannsa dìreach?
Ciamar a nì mi an ruidhle bhòidheach?
Ciamar a nì mi an dannsa dìreach?
Dh'fhalbh am prìn' à bonn mo chòta.

The Democracy of the Apparitions

When one would see a vision
he would sometime later go
to the ceilidh-house,
and when it got late into the night
he would tell what he saw.

One would say this
and another that
and another something else
and some would remain silent,

and they would reach agreement,
and that was the vision.

Iain Sutherland

In the village of Howbeg we meet up with Iain Sutherland, banjo-player. He's sitting outside his house and we ask him for a tune. He leaps on to the garden stone wall and regales us with a couple of fine tunes which put us all in great fettle. We walk through Howbeg and down on the machair meet up with Donald Gallacher from Lochboisdale, who works as a part-time ghillie. Today he's guiding a couple of fishermen from England around the best licensed trout pools. What a remarkable trade this is. I think of the gifted people who earned a living as ghillies – the tradition-bearer Archie Raghnaill, and the song-bearer Archie Munro, and (because my own 10-year-old daughter is a fine piper) I think of "The Bobs of Balmoral" – the famous pipers Bob Brown and Bob Nicol who throughout their lives were gamekeepers on the royal Balmoral Estate in Aberdeenshire. I wonder how many of the aristocracy who visited Balmoral were fully aware of their musical genius?

And I suddenly remember a journey I made to Sarajevo for the BBC in 2000, and the driver who drove our film crew round the then still-ruined city. A small nervous man in black clothing who refused to enter the posh hotel where the BBC had ensconced us. Maybe he wasn't comfortable in such surroundings, I thought at the time. It was only when our interpreter arrived later in the day from Croatia that I got his full story and understood something of the man's dignity, status and education. He'd been the Headmaster of a local school in Srebrenica when Karadzic's troops arrived to kill the Muslim population. Somehow he managed to escape and fled through the bodies into the woods, where he stayed for several weeks surviving on berries and rabbits, before eventually managing to make his way to Sarajevo itself, where he managed to stay in a refugee hostel, where he still lived. His sister, who lived in Germany, had managed to send him some money with which he'd bought an old Volkswagen van, through which he was now managing to make some kind of living transporting things around. It was only by accident that he'd managed to get our job as a taxi driver – the translator, Vera Kordic, had been working with the BBC's Martin Bell throughout the Bosnian conflict and when we were due to arrive had phoned her previous driver in Sarajevo, but had actually dialled the wrong number, the refugee centre, instead. The headmaster had happened to answer the corridor phone and persuaded her to give him the job. A real tale of gizza job. I often wonder now whether he has returned to his old profession.

I also remember the one thing that most moved my heart in Sarajevo: how the young women deliberately resisted despair by dressing up in their gear and their best lipstick. "Whatever else," several of them said to me, "we were not going to allow them to rob us of our pride and courage." Here's a short poem I wrote in celebration, with an Arabic version done for me by Jihad Dawriche of the Lebanon:

SUAS GU DEAS

Bog cotton, Uist

Canach … Cotton grass, mountain down, moor cotton … In the Highlands a girl was not considered fit for marriage *gus an dèanadh i lèine canaich dh'a leannan agus paidhir stocainn dhi fhèin,* until she made a shirt of the mountain down for her lover and a pair of stockings for herself. This was the test in *calanas,* wool-working, and *calanas* was the criterion in housewifery.

Alexander Carmichael, *Carmina Gadelica, Vol. V1*

Sarajevo

How red the houses were,
and how white the graves.

The land itself
autumnal,
though the best memory is of the girls
who refused to forsake the spring
and wore the reddest lipstick
in the whole world: Muslim lassies
disobeying death,
the radiance of youth against despair.

وفييارس

مك كانت المنازل حمراء
وبيضاء القبور.
البلد، هي، كانت أبوان الخريف
وان كانت أفضل الذكريات فتيات
ترفضن تحية الربيع
وتحملن أحمر الشفاه الأكثر تألقا في العالم:
فتيات مسلمات تعصين الموت.
بريق الصبا في مواجهة اليأس.

67

ANGUS PETER CAMPBELL & CAILEAN MACLEAN

Tractor in need of some attention on Daliburgh beach, South Uist

Is bòidheach leam do thràghannan
Is gàir a' Chuain an Iar

Donald Allan MacDonald, 'Òran Uibhist'

From Hairtebreac, South Uist, looking south-east

An tìr tha taitneach, gleanntach, glacach,
Beanntach, bacach, bàghanach;
Gur lùbach, leacach, stùcach, stacach,
Cùilteach, cnapach, càrnach i.

Donald MacIntyre (Dòmhnall Ruadh, Bàrd Phàislig), 'Uibhist Uain' an Eòrna'

guailnean, agus an uairsin a seasamh air beulaibh a chèile feuch cò dhèanadh an gnothach air a' bhalach air guailnean an fhir eile a leagail. Bhiodh Angaidh Mhic Iain Bhàin à Cille Pheadair, a bha beag agus aotrom agus meanbh, daonnan a' suidhe air mo ghualainn-sa, agus mura bheil mo chuimhne gam mhealladh bhiodh mi fhìn 's Angaidh còir daonnan a' buannachadh!

Ach mus do ràinig sinn taigh Agnes bha sinn air coiseachd seachad air taigh an fhir a bha Agnes a' frithealadh na sheann aois: Iain Sheonaidh Smus nach maireann. Tha e cho uabhasach an taigh aige fhaicinn lom falamh. Saoilidh mi gun robh Iain timcheall orm fad mo bheatha: tha cuimhn' a'm air na shuidhe mar shìthiche air creig a' cumail sùil air na beathaichean nuair a bha mi beag, 's bha e mar sin fhathast nuair a cheumnaich mi às an oilthigh 's gach turas is uair a thiginn dhachaigh anns na bliadhnachan mòra às dèidh sin. Bha dùil a'm gun robh e na bhodach nuair a bha mi òg, ach bhiodh e an uairsin na b' òige na tha mi fhìn an-diugh.

B' e an duine mu dheireadh, fhad 's as aithne dhòmhsa, aig an robh Duan na Fèinne bho bheul-aithris ann an Alba neo ann an Èirinn nuair a dh'eug e ann an 2006, aig aois 97.

Chì thu Cnoc Chairiseabhail às a seo cuideachd, agus tha mi fhìn 's Cailean a' blàth-chuimhneachadh nan làithean-geala nuair a bhiodh sinn le chèile a' cluich ball-coise air Hampden Uibhist! Leathad 25%, agus 's e bha math a' dol leis a' chnoc: bha thu cinnteach mar sin a bhith 5-0 co-dhiù air thoiseach aig leth-ùine! Nach iomadach deagh chluicheadair a bhreab ball an sin cuideachd – nam measg Seonaidh Mhìcheil Ruaidh à Taobh a' Chaolais, an cluicheadair a bu sgileile a chunna mise, a tha an-diugh ann an Canada.

Seachad air Cairiseabhal tha Dalabrog, far am biodh mi fhìn 's Cailean cuideachd a' faicinn fhilmichean an-dràst' 's a-rithist nuair a thigeadh a' Highlands and Islands Film Guild gu Talla Naomh Pheadair. Tha cuimhn' a'm aon oidhche Shatharna coiseachd às An Leth Mheadhanach a Dhalabrog a dh'fhaicinn film, ach air an rathad fhuair mi lioft bho Dòmhnall Neilidh còir, aig an robh aon dhe na càraichean a bha san sgìre. Tha cuimhn' a'm fhathast an rud a ghlac m' aire: cha b' e an càr fhèin, ach gun robh rèidio aige am broinn a chàir, 's chì mi fhathast an dial dubh a' dol tarsainn nan solas dearg air an rèidio. Saoilidh mi gur e am prògram

Scottish Dance Music aig Dàibhidh Finlay a bh' air, ged 's dòcha gur e Rèidio Luxembourg a bh' ann nam cheann! Chan eil sìon a chuimhn' a'm dè am film a bh' air aon uair 's gun do ràinig sinn Dalabrog!

A' dol suas gu deas, tha sinn a' dol seachad air seann Sgoil Gheàrraidh na Mònadh, neo co-dhiù air seann làrach na sgoile. Seo far an deach mi fhìn 's iomadach neach eile dhan sgoil, agus nach mòr an truaighe nach eil sgeul air an sgoil eachdraidheil seo an-diugh. Seo far an robh Frederick Rae a' teagasg, am fear a rinn an sgoil ainmeil leis an leabhar àlainn sin *A School in South Uist*.

Chan e a-mhàin aon chron a rinn Comhairle nan Eilean timcheall na sgoile seo: b' e a' chiad mhearachd mhòr a rinn iad a dùnadh sìos, a' toirt a' chridhe às a' choimhearsnachd, ach dhùblaich iad an call an uairsin le bhith toirt cead a leagail gu làr. Far am bu chòir ionad a bhith an-diugh, le cafaidh is àite far am faigheadh tu fios mu Rae is eile, chan eil ach feur is clach. Tha An Sgùmban, far an do chluich sinn iomadach gèam ball-coise, a' leigeil oirnn gur e Denis Law a bh' unnainn, a-nis falamh agus sàmhach.

Tha sinn a' fuireach a-nochd ann an taigh-òsta Pholl a' Charra agus tha sin fhèin na annas, mura bheil na mhìorbhail. A liuthad pinnt agus tè bheag a dh'òl mi an seo aig aon àm, agus a liuthad carry-out a cheannaich na balaich. A liuthad uair a sheas sinn fo sholas na gealaich a-muigh a' mùn anns an taigh-bheag air nach robh mullach! A' cunntas nan reultan fhad 's a bha thu feitheamh. Atharraichidh gach nì fo na speuran.

Tha an seann taigh-òsta ainmeil seo an-diugh air a dhèanamh suas gu snasail, le deagh bhiadh ri fhaotainn ann cuideachd. Tha nigheanan òga mu aois 16/17 a' toirt ar biadh dhuinn aig na bùird, agus nuair a dh'fhaighnicheas mi dhaibh, ann an Gàidhlig, cò dha a bhuineas iad, tha iad a' freagairt ann am Beurla, 's tha mi tuigsinn an uairsin nach ann idir còmhla le an athraichean 's am màthraichean ach còmhla le an seanairean agus an seanmhairean a bha mi a' fàs suas! Cha tig an aois leatha fhèin.

Air an oidhche tha mi fhìn 's Cailean a' dol gu seirbheis-cuimhneachaidh a tha air a

Water Lily, Loch nam Faoileann, Daliburgh, South Uist

Gucag-bhàtht' nam bileag uaine
Fàs am measg na cuilc cho snuadhmhor.

Donald MacDonald (Dòmhnall Aonghais Bhàin), 'Mìosan na Bliadhna'

SUAS GU DEAS

cumail aig Eaglais Naoimh Pheadair ann an Dalabrog airson an Dotair Coinneach Robasdan nach maireann. Bha Dr Robertson, mar a bh' againn air, na lannsair ann an ospadal Dhalabroig còmhla ri athair Chailein, an Dotair Alasdair MacIlleathain, agus bha muinntir Uibhist-a-Deas uabhasach dèidheil air. Gu dearbha, bha mo phiuthar fhìn, Màiri, greis ag obair dha agus bha e cianail coibhneil rithe aig an àm. B' e peantair agus fear-dhealbh camara sònraichte math a bh' anns an Dr Robasdan cuideachd, agus mhiannaichinn uaireigin taisbeanadh slàn ceart fhaicinn dhen obair-ealain aige.

Tha na seòmraichean-cadail ann am Poll a' Charra cho math le gin sam bith – dachaigheil agus comhfhurtail - agus tha mi faighinn deagh chadal 's a' dùsgadh gu sealladh brèagha a-null air Caolas Bharraigh. A' dol sìos gum bhracaist tha mi dreiste nam ad-choiseachd agus tha am boireannach a tha a' glanadh nan seòmraichean a' dol seachad orm anns an trannsa chumhang, agus gun mòran coimhead orm agus a' smaointinn gur e fear-turais air choreigin a tha annam, tha i ag ràdh, sa Bheurla, "Good morning, Sir." Tha i an uairsin a' coimhead orm agus gam aithneachadh: mo chousin, Sandra Nìll Mhòir! Tha i a' dèanamh gàire mhòr.

" 'Sir,' arsa mise. 'S tu fhèin a th' ann! 'S carson a tha thu a' fuireach an seo? Carson nach tàinig thu dh'fhuireach còmhla rinn aig an taigh?" Sandra chòir.

Friday 13th July: Today we plan to walk from Bornish to Pollachar, via the machairs – through Frobost, Kildonan, Askernish and Daliburgh, then down through the villages of Kilpheder, North and South Boisdale, Garrynamonie and Smerclete to Pollachar. Our own land, as the pipe tune puts it.

It's as quiet as heaven on the machair, and we drink in the beauty: all things are blossoming. Not only are the sights colourful and attractive – but the smells are just as beautiful. Clover and eye-bright and ragged robins and thousands of dandelions. I remember once walking on these machairs with Tommy MacDonald from Howmore, a real local expert, and how he carefully showed me every flower and plant, and how he had an indigenous Gaelic name for

Loch Dùn na Cille, Cille Pheadair

The western sides of Barray and Uist are flat and sandy; the eastern, mountainous, and full of mosses and rugged rocks. The inland parts are interspersed with fresh water lakes, and these plentifully stocked with fish.

John Lane Buchanan, *Travels in the Western Hebrides (1793)*

each – orchids and burdock and saxifrage and the beautiful small purple flower known as self-heal, which he called 'the dark-tipped head-on-feet', though the famous folklorist and word-gatherer Fr Allan McDonald of Eriskay (1859-1905) called it 'the flower of the heart'. The poppies are really plentiful on these machairs and I remember Tommy gave me three distinct names for them – 'the infants of the sleepy ones', 'fragility', and 'the blossom of the old men'. For some reason – perhaps because of its pure simplicity in Gaelic? – I prefer the last name: the blossom of the old men. Maybe I identify with it, and remember the loss of my people and the poem we all learned in Garrynamonie Primary School –

'In Flanders Field the poppies blow,
Between the crosses, row on row,
That mark our place; and in the sky
The larks, still bravely singing, fly,
Scarce heard amid the guns below.'

We walk across Askernish Golf Course, which the South Uist Community Trust, who now own the whole island, are re-developing. It has caused plenty of controversy (some of the local crofters remain opposed to the nature and scale of the development), but when I recall how Uist was owned and ruled by a variety of landlords over the years, one great truth needs singing out – the joy that this island of mine now belongs to the people. Of course, it always really 'belonged' to them, Lady Cathcart and others notwithstanding. They only 'owned' it in law.

We reach Hàllain graveyard, where my parents – along with all their friends – lie buried. Cailean and I walk through the cemetery and recognize and pause at the graves of lots of people we knew, including Cailean's own uncle, the great scholar and folklorist Calum Maclean. We stop at a number of headstones to remember – Margaret Fay Shaw, and Màiri and Peigi Anndra, and the great singer and mariner Donald Joseph MacKinnon, and Donald Roderick Steele and Roddy MacCormick and the Lindsay boys, with whom we all played football. Cailean tells me

ANGUS PETER CAMPBELL & CAILEAN MACLEAN

Standing stone at Poll a' Charra, South Uist

(NF 7459 1439) Standing Stone (NAT).
OS 6"map, Inverness-shire, 2nd ed., (1904)
A standing stone is situated on a grassy flat a few yards from the rocks on the shore at Pollachur (or Pollacharra), South Uist, about 70 yards W of Pollachar Inn. It is an irregularly-shaped prism, 5ft 8 ins high and 5ft 9 ins in girth at the foot.

RCAHMS 1928, visited 1915.

Royal Commission on the Ancient and Historical Monuments of Scotland

that he would wish to be buried here.

Outside the cemetery, Alasdair MacEachen is sitting in his van with his dog and piece and strimmer, waiting to cut the grass. We chat with him and take his photograph, as he sweeps the flies away.

Leaving Hàllain, we experience something we've somehow managed to avoid in our twelve days walking to date: rain! We walk through Kilpheder and North Boisdale, and then through my own home village of South Boisdale, in the pouring deluge. Thankfully, however, no midges! "What a scunner," I say to Cailean, "to find that the only place it's rained during our long walk is in my own village! Do you think it's some kind of sign?" "No," he says. "Didn't it always rain in South Boisdale?" No. The sun always shone. Forever.

But help is at hand! Passing Agnes Alexander's house at Moor Cottages, we see balloons hanging from her doors and windows, and hear music coming from inside. It's her 60th birthday today, which I find difficult to believe, as she is forever around 20 in my eyes. My father built her parents' house in North Boisdale around 50 years ago, and in fact her father, Dòmhnall Aonghais 'Ic Eachainn (Donald MacIntyre), was one of those photographed by the great Paul Strand, whose iconic book of photographs, with text by Basil Davidson, is one of the main reasons why we are now taking this journey in the first place. Agnes's brother Iain was in the same class with me in Garrynamonie Primary school over 40 years ago, and I remember he was an expert at the fighting-game we called 'casan-cuinneig', which literally means 'the legs of a milk-pail'. Which well describes the action, in which a big lad like Iain or me would bear a smaller boy on our shoulders, with the younger lad's legs dangling over our chest. The boys would then face each other in a stand-off and the lads borne on the shoulders would try and push each other off. The last man standing won. Iain was very good at it – firm and strong. As was I, with my permanent friend Angie Morrison of Kilpheder on my shoulder. Angie was small and agile and perfectly suited for the match. I think it was a boy's macho game – I have no recollection of girls ever playing it.

Another memory of primary school comes flooding back. Books were very scarce, and we had none in our house, relying on comics usually passed down to us from the headmaster's son, Dòmhnall Ailig Iain (Donald MacKay). We had maths and reading-and-writing books in school, certainly, but proper books (i.e. stories, fiction such as *Treasure Island* by R L Stevenson) were held locked in a small glass bookcase in the corner of the Big Room. Then on Friday afternoons the headmaster, Mr MacKay, when he was no doubt in a good mood with the weekend approaching, would utter the magic words: "Boys and girls – would you like some books?" A forest of hands would go up. "Will you read them?" he would then ask, and the chorus would answer, "Yes!" And I can still hear the magical sound as he took the key out of his pocket and turned it with that ecstatic click in the lock. For the rest of the afternoon it was head down for me in Coral Island or tap-tapping with Blind Pew and his crew.

But just before we reach Agnes's house we pass the empty house of a man who meant a lot to me – the late Iain Sheonaidh Smus (John Smith). Iain was a small wiry man who sometimes claimed to be descended from the arrow-making fairies, the smiths, and who died last year aged 97. He lived about half a mile away from us, and he was a permanent fixture in my childhood, sitting like an elf on a tiny rock behind our house watching his cattle. He seemed old then, but now of course I realize he was younger then than I am now. Maybe that's what Bobby Dylan always meant when he wrote around that time (1964):

"Ah, but I was so much older then,
I'm younger than that now."

As far as I am aware, Iain was the last known bearer of *Duan na Fèinne,* The Fingalian Chant, in both Gaelic Scotland and Gaelic Ireland when he died. With him went part of my life.

You can see Cairiseabhal Hill from here as well, where Cailean and I – along with all the other Denis Laws and Jim Baxters of our time – played football on Cairiseabhal pitch. Our

From Easabhal looking north towards the Beinn Mhòr (Gèideabhal)

Ach bhon iar no bhon ear-dheas,
Ge b' e sìon a ghabh failmse no fàth ort,
Tha thu fhathast gun ghluasad
Anns a' bhad sna bhuail thu do shàiltean.

Donald MacIntyre (Dòmhnall Ruadh, Bàrd Phàislig)

SUAS GU DEAS

ANGUS PETER CAMPBELL & CAILEAN MACLEAN

fondly of his goodness and kindness. As a child I was innocent of the politics of it, but what a relief and a blessing the introduction of the NHS must have been when it was introduced. The likes of Dr Robertson and Dr Maclean were like beacons of light amidst the dispossessed. No wonder the socialist Paul Strand identified with the people of South Uist as part of the wretched of the earth: and no wonder he displayed their dignity.

Dr Kenneth Robertson was also a very fine painter and photographer and took many precious photographs of the area over the years. I would love to see a full exhibition of his work as an artist one day.

I sleep well in Pollachar Inn, and waken to a fine morning looking over the Sound of Barra. After breakfast I walk down the corridor in my walking-gear with stick in hand and hat on head, and the woman who's cleaning the rooms passes me on the narrow stairs and – taking me for a tourist – says "Good morning, Sir." She then pauses and looks at me. "Angus Peter!" she exclaims. "Sir, my foot!" It's my first cousin Sandra Campbell, who then immediately rebukes me for coming home and staying in a hotel instead of with her or with relatives. She is right of course: filiality comes before commerce when it matters.

Disathairne 14mh Iuchar: Abair deagh latha romhainn! Coiseachd o Pholl a' Charra a-null a dh'Èirisgeigh, an uairsin an t-aiseag a Bharraigh, agus coiseachd tro Bharraigh gu Bhatarsaigh! Tha fiù 's na faclan mìorbhaileach – "coiseachd a dh'Èirisgeigh!" Cò a smaoinicheadh air aig aon àm, nuair a bha Niall Mòr agus Steafain 'Illeasbaig is eile a' strì air ais 's air adhart le aiseagan thairis air a' chaolas. Nach iomadh sgeul a dh'innseadh an cuan!

Tha sinn a' coiseachd a-mach chun a' Ghàrraidh Mhòir, far a bheil sinn a' stad airson cèilidh còmhla ri Pàdraig Aonghais Dhùghaill agus a bhean chòir, Ceit. Seo Oilthigh Uibhist-a-Deas, mar gum bitheadh, oir tha a liuthad duine air tighinn a dh'fhuireach còmhla ri Pàdraig agus Ceit agus an teaghlach tro na bliadhnachan agus air a' Ghàidhlig ionnsachadh ri linn sin. Nam measg tha a' bhana-bhàrd Meg Bateman, agus an sgoilear Hugh Cheape, agus nach

Beach, Cille Pheadair, South Uist looking south to Barra

Chluinn thu guth a' mhuir-làin
A' toirt luinneag air tràigh airgeadach

Donald MacIntyre (Dòmhnall Ruadh, Bàrd Phàislig), 'Moladh Uibhist' (1936)

iomadach deagh sgona a fhuair iad cuideachd bhon ghreideal aig Ceit! Agus chan eil madainn an-diugh air a chaochladh, oir ged nach eil sinn ach dìreach air ar bracaist a ghabhail, ciamar a thèid agad air sgona bhlàth às an àbhainn a dhiùltadh? Tha Ceit a' toirt dhuinn an recipe airson Strùthan an Fhèill Mhìcheil, ach 's e secret a th' ann!

Seachad air an Lùdaig agus tarsainn cabhsair Èirisgeigh, agus thall aig Ceann a' Ghàrraidh tha sinn a' faighinn an aiseig a dh'Eòiligearraidh, far a bheil sinn a' gabhail ar lòn ann an cafaidh bheag bhrèagha aig a' cidhe air a ruith le Peadar MacIlleDhuinn, nach fhaca mi o chionn beagan bhliadhnachan.

Tha a' choiseachd tro eilean Bharraigh fhèin dìreach àlainn. Latha brèagha grianach a th' ann agus tha sinn a' gabhail an taobh siar, seachad air seann taigh a' Choddy, far an robh mi grunn thursan nuair a bha Ceiteag a' Choddy beò. Boireannach fialaidh, coibhneil a thug cuideachadh agus misneachd gu leòr dhomhsa às dèidh dhomh an t-oilthigh fhàgail 's mi feuchainn air mo shlighe a dhèanamh air ais dhan Ghàidhlig, a bha mi air fhàgail gu ìre nuair a ghluais sinn mar theaghlach a-mach dhan Òban ann an '65.

Tha na lòintean 's na lochan beaga ri taobh an rathaid gu math tarraingeach do Chailean, oir tha iad uile loma-làn dhe na gucagan dathach, air an robh mo mhàthair cho dèidheil. Mus tàinig 'Flowers by Post' b' e na gucagan bho Loch Throsaraidh a bhiodh a' taisbeanadh am blàth anns a' hut againn nuair a bha mi beag anns An Leth Mheadhanach. Tha gucag phurpaidh air leth brèagha ann an lònan ri taobh an rathaid, agus cha mhòr nach eil Cailean ga bhàthadh fhèin a' faighinn faisg gu leòr airson dealbh a togail. Ach 's math as d' fhiach e an oidhirp.

Tha na tràighean air an taobh siar cho brèagha 's a bhiodh dùil, agus aig deireadh an fheasgair tha sinn a' cromadh sìos a Bhàgh a' Chaisteil fhèin, a tha coimhead gu math grinn anns an t-solas. B' ann à Sgalaraidh ann am Barraigh, mìle neo dhà an ear air Bàgh a' Chaisteil, a bha mo sheanmhair, tè Màiri NicIlleathain, agus b' ann à Muile a thàinig a cuideachd-se o thùs. Phòs ise Aonghas Caimbeul, mo sheanair (Aonghas Nìll Aonghais Iain Mhòir 'Ic Iain Tàilleir), a bhuineadh do dh' Èirisgeigh, ged a b' ann o Bhàgh Hartabhagh agus o chùl na Beinne Mòire

Eriskay

Ged a gheibhinn-sa mo thaghadh,
B' e mo rogha dhen Eòrpa
Àite tuinidh 'n cois na tuinne
An Eilean grinn na h-Òige.

Maighstir Ailean Dòmhnallach, 'Eilean na h-Òige'

Bàgh Halaman, Tangasdal, Barra

Chan e gu bheil glòir san taobh siar
no gu bheil sòlas nan cuantan mòr
ach chunnaic mi thu
mar thrilleachan air an Tràigh Siar
cho aotrom le gàir' an Spioraid Naoimh

Aonghas Phàdraig Caimbeul, 'An Tràigh Siar'

ann an Uibhist a Deas a thàinig a shinnsirean, a chaidh am fuadach às a sin ri linn Iain Gordon à Cluainidh anns an naoidheamh linn deug. Tha tobhta mo sheanmhar fhathast ri faicinn ann an Sgalaraidh.

Cho bochd a thaobh airgid 's a tha mi fhìn fhathast, a dh'aindeoin an obair mhòr a rinn mi fad mo bheatha: 's dòcha gun robh bochdainn anns na daoine. Tha mi air mo làn-neart a chosg air mo chànan agus air mo theaghlach, agus uaireannan bidh mi gabhail beachd air Gàidheil eile a rinn an dearg fhortan an lùib a' chànain. A choimhead às an dèidh fhèin – Number 1 – agus nach do dhìobair gach nì air sgàth an dualchais. Uaireannan, tha mi a' faireachdainn sgìth, mar gun do chreid mi dìreach ann an aisling.

Tha sinn a' crìochnachadh an latha le bhith coiseachd tarsainn cabhsair Bhatarsaigh. Air gach ceum tha mi smaoineachadh air na daoine còir à Bhatarsaigh air an robh mi eòlach. Dithis gu sònraichte a bha mi fortanach a bhith eòlach orra – Nan Eachainn agus Eòsaph MacDhùghaill. Rinn mi clàraidhean dhan BhBC grunn thursan leis an dithis aca, a bha a-rithist gu math fialaidh agus coibhneil rium. Nan le a stòras iongantach de dh'òrain 's de bheul-aithris, agus Eòsaph a bha na mhisneachd mhòr do dhuin' òg mar mise a bha dìreach air ceumnachadh le Poilitigs is Eachdraidh à Oilthigh Dhùn Èideann. Oir b' e iadsan an dà dhearbh chuspair anns an robh ùidh mhòr aig Eòsaph. Gu h-àraidh ann am Poilitigs, oir bha e air obrachadh anns na gàrraidhean-iarainn air Chluaidh, agus bha fiosrachadh pearsanta aige air cho riatanach agus a bha na h-aonaidhean-ciùird agus strì is spàirn phoilitigeach. Sòisealach, radaigeach, Gàidheal agus duine còir: dè eile a dh'iarradh tu?

Saturday 14th July: What a great day to look forward to! Walking from Pollachar to Eriskay, then catching the inter-island ferry to Barra, then walking through Barra and across the causeway to Vatersay! I suppose the words themselves are miraculous – "walking to Eriskay"! Who would have thought it at one time, when the likes of my uncle Niall Mòr (Neil Campbell) and Steafain 'illEasbaig struggled in all kinds of weather to maintain a lifeline passenger ferry

ANGUS PETER CAMPBELL & CAILEAN MACLEAN

service to and from Eriskay? What tales of courage and danger this small stretch of sea could tell!

On the walk to Eriskay we stop for a ceilidh at the house of old friends of ours, Pàdraig and Màiri Morrison. Pàdraig and Màiri live next door to what is known locally as 'An Gàrradh Mòr', a splendid old walled garden which at one time provided fresh vegetables for the laird, MacDonald of Boisdale. It lay dormant for a number of years, amidst local rumours that it was haunted, but in more recent years a house was built inside the garden and a vibrant organic business is now run from there by the couple who own it. But our business is with Pàdraig, a fine local piper who drove the local bus for a number of years, and his wife Màiri, who has a world-wide reputation for her hospitality. Indeed their home has been called "The University of South Uist" because of the number of folk who've come to stay with them over the years and learned Gaelic in the process. Among those 'graduates' are two good friends of mine – the poet Meg Bateman and the scholar Hugh Cheape, who both learned and developed their Gaelic round Pàdraig and Màiri's warm stove.

Even though we've just had our breakfast, we can't refuse Màiri's fresh scones fresh from the oven. I'll need to take another long walk after this long walk just to shed the scone-pounds! Before we depart Màiri gives us her recipe for the great traditional treat known as the Michaelmas Cake, which was a cake made on St Michael's Eve (St Michael's Day is the 29th September) of all the cereals grown on the croftland. Fèill Mìcheil – The Feast of St Michael – was one of the great days in the old Celtic calendar, and a wonderful description of the various events and activities surrounding the day is given in Volume 1 of Alexander Carmichael's great work, *Carmina Gadelica*, gathered from first-hand evidence in the late 19th century.

Here is how his account begins:

> "St Michael is spoken of as 'brian Michael,' god Michael ... St Michael is the Neptune of the Gael. He is the patron saint of the sea, and of maritime lands,

Atlantic surge, Tangasdal, Barra

Haf ... West Atlantic. In singular, [with] plural article, *na haf*. *Tha e muigh as na haf. 'S e na haf an cuan mór an iar.* He is out in the Atlantic. [The *haf* is the great western sea.] The article never varies but is *na* all through.

Fr Allan McDonald, *Gaelic Words and Expressions from South Uist and Eriskay*

of boats and boatmen, of horses and horsemen throughout the West … On the 29th of September a festival in honour of St Michael is held throughout the Western Coasts and Isles. This is much the most imposing pageant and much the most popular demonstration of the Celtic year … The Eve of St Michael is the eve of bringing in the carrots, of baking the 'strùthan', of killing the lamb, of stealing the horses. The Day of St Michael is the Day of the early mass, the day of the sacrificial lamb, the day of the oblation strùthan, the day of the distribution of the lamb … and the day of the 'oda' – the athletics of the men and the racing of the horses. And the Night of Michael is the night of the dance and the song, of the merry-making, of the love-making, and of the love-gifts."

However, I won't divulge Mary's recipe for the Michaelmas Cake: it's a secret!

We walk across the causeway to Eriskay, wondering whether the famous Fr Allan would have enjoyed striding across it, and catch the small inter-island ferry across to Eoligarry in Barra, where we have our lunch in the excellent little cafe at the pier run by Peter Brown, whom I'd last seen some years ago as the ambulance driver on Barra!

The walk through Barra itself is absolutely gorgeous. Beautiful sunny weather, and we decide to take the scenic west coast route, passing the famous Coddy's house on the way. The Coddy was a well-known local character and great friend of such as Compton MacKenzie and the great Celtic scholar John Lorne Campbell of Canna. As a young reporter I visited the house quite often to see the Coddy's daughter Katie, who helped and encouraged me enormously at the time, as I strove to re-integrate with my native language and culture, which I'd partially discarded after our family moved to Oban in '65.

The road-side lochans are a great magnet for Cailean, because they're all brimming over with 'gucagan' (water-lilies) of every shape and colour. I remember how my mother used to gather them (at her peril) to adorn our hut in South Boisdale when I was a child. Cailean treads

From Heabhal, Barra, looking south over Castlebay to Sandray, Pabbay and Mingulay

Cuilidh - Treasure, hoard, riches.
[As in] *Cuilidh Mhoire*, the treasury of Mary, a kenning applied in Barra to the Western Ocean [the Atlantic Ocean]. A good woman in Berneray, Barra, was in sore distress over the impending famine among her people. As she lay awake wondering what she would do to mitigate the privations of her people, the form of a good woman who had died recently in Mingulay appeared beside her bed, clothed in glory and light. *Thubhairt an tè a bha marbh ris an tè a bha beò: 'Na bitheadh cùram ort, a ghràdhag nam ban, mu dheidhinn cor do dhaoine; is farsainn Cuilidh Mhoire.'* (The one who was dead said to the one who was living: 'Let there be no anxiety upon thee, thou dear one among women. Wide is Mary's Treasury.') That year there was an excellent fishing and there was no famine.

Alexander Carmichael, *Carmina Gadelica, Vol. VI*

SUAS GU DEAS

ANGUS PETER CAMPBELL & CAILEAN MACLEAN

equally perilously today, almost drowning in his efforts to get up close to take a photograph of a particularly alluring purple lily in a deep pond. Its loveliness was well worth the danger.

The long white sandy beaches on the west coast of Barra are a delight, and by late afternoon we are descending into the main town, Castlebay, which sits prettily in the sea light. My own grandmother was from the village of Sgalaraidh a mile or two east of Castlebay. Maybe grandparents died young in these days, but I never saw either my maternal or paternal grandparents. I have, however, seen photographs and she was a fine set woman. Her maiden name was Mary MacLean, and I believe her people had come originally to Barra from that stronghold of the MacLeans, the Isle of Mull. My grandfather, Angus Campbell, whom she married, was from Eriskay, though his parents were from Bàgh Hartabhagh in South Uist and his grandparents from the fertile far side of Beinn Mhòr further north in South Uist, from which they were cleared along with everyone else by the infamous Colonel John Gordon of Cluny in the mid-19th century. No wonder the community buy-out of South Uist is such sweet music to me! The tiny ruins of my granny's home in Sgalaraidh can still be seen.

How poverty-stricken I still am. At one time I had some money, but it's all gone because it was worthless anyway. All my riches are in my God, my family and my culture. Sometimes I think of those who have used the Gaelic language to basically look after themselves: professional Gaels whose efforts were all well-girded by a fine salary and even finer pension, to whom the cause of Gaelic was little more than a comfortable life-style choice, a means towards a well-paid end. Sometimes I fear that I have invested my whole life in a dream.

We finish the day by walking across the causeway to Vatersay. With every step I think of all the good people from Vatersay I've known. I think especially of two people whom I was greatly privileged to know – Nan Eachainn Fhionnlaigh (Nan MacKinnon) and Joe MacDougall. Nan was one of the greatest tradition-bearers of all time in Gaelic culture. She had a remarkable repertoire of old songs and stories, which have thankfully been recorded by the BBC and the School of Scottish Studies for posterity. I recorded some of them myself, and

Inside Kismul Castle's Hall, Castlebay, Barra

The little island of Kismul lies about a quarter of a mile from the South of this Isle; it is the Seat of Mackneil of Barray, there is a stone Wall round it two stories high, reaching the Sea, and within the Wall there is an old Tower and a Hall, with other Houses about it.

Martin Martin, *A Description of the Western Isles of Scotland* (1716)

know the privilege of having sat and listened to her ancient songs.

Joe MacDougall was very different. He was younger and much more politicized than Nan, and I greatly enjoyed his company the times I visited him. I'd just graduated then from Edinburgh University in two of Joe's great passions – Politics and History – and Joe constantly encouraged me to carry the great mantle of radicalism. He knew poverty and struggle and had worked long and hard in the shipyards in Glasgow, and therefore knew first hand of the need for the working classes to organize themselves into unions. A socialist, a radical, a Gael, and an encourager. As I stand on Vatersay I think of the two of them – both great torch-bearers for the dispossessed.

Didòmhnaich 15mh Iuchar: An latha mu dheireadh dhen chuairt, agus tha sinn a' gabhail bàta a-null a Mhiughalaigh, gus an rud a thoirt gu ceann ceart. Tha a' mhuir ciùin agus gorm is brèagha, agus ma tha seòladh ann gu nèamh, tha fhios gum bi e coltach ri seo air latha math!

Tha am maraiche, Dòmhnall 'Beag' MacLeòid, gar toirt tro na sgallan air taobh an iar an eilein, far an saoileadh tu gu bheil gach eun anns a' chruinne-cè a' sgiathadh timcheall ort. An ath sheachdain, tha mi falbh gu Paris air làithean-saora còmhla le mo bhean, Liondsaidh, ach tha amharas agam nach bi sìon aig an Arc de Triomphe fhèin air an àirc nàdarra a tha os ar cionn an seo. Nach glòrmhor an cruthachadh, ged a tha mi cuimhneachadh cuideachd air rudeigin iongantach a thuirt an soisgeulaiche Ionatan Edwards uaireigin – "'S e aon rud a tha ann an glòir a' chruthachaidh; 's e rud eile a th' ann an glòir na h-èirig."

Air Miughalaigh fhèin tha caraidean às an Eilean Sgitheanach a' coinneachadh rinn air an tràigh agus a' lasadh teine agus a' dèanamh tì dhuinn – Julie Brook agus an duin' aice, Chris Young, agus an teaghlach òg, Winnie, Stella, Artair agus Meredith, a bhios a' tighinn gu Miughalaigh gach samhradh airson grunn sheachdainean airson campadh. Nach buidhe dhaibh!

Tha sinn uile a' coiseachd còmhla suas gu mullach na beinne as àirde air Miughalaigh, An

Berneray (Barra Head) from Mingulay

The final stepping stone in the Hebridean archipelago, with 190m high cliffs and sprayswept Barra Head at its southernmost point. Round the principal settlement area on the island's north-east coast, and on the south side of its central ridge, archaeological evidence points to sites of Neolithic, Bronze Age, Iron Age and Norse vintage. No trace survives of a chapel, but an early medieval cross-marked slab lies in the burial ground just south of Maclean's Point. Berneray's population reached 28 in 1851; the last native islanders left in 1910.

A half mile haul up Mullach a' Lusgan, and the Lighthouse keepers' graveyard lies near the cliff top, ringed by a massive wall. Barra Head Lighthouse, Robert Stevenson, 1830-33, built by James Smith of Inverness. Virtually identical to that at Hynish on Tiree, the granite lighthouse breasts the promontory of Sròn an Dùin, raising its light 580 ft above the Atlantic surge. Across the cobbled courtyard (which in severe gales can be almost impossible to cross, and into which fish are sometimes blown) stands the low, flat-roofed terrace of keepers' cottages. Graded in status, they might be in Edinburgh's New Town, such is the quality of their joinery: a curved door, fluted architraves, cornices, shutters and fielded panelling. Lighthouse automated in 1980.

Mary Miers, *The Western Seaboard: An Illustrated Architectural Guide*,

SUAS GU DEAS

Càrnan, far am faic sinn cho fada agus a chì sùil, agus fada nas fhaide na sin anns a' chuimhne agus anns a' mhac-meanmna.

Tha e a' faireachdainn, chan ann mar ceann ar turais, ach mar an toiseach.

Sunday 15th July: The last day of our journey and we hire a boat to take us to Mingulay so as to bring our voyage to its southernmost end. The sea is still and blue and beautiful, and if there's a sailing to heaven, surely it will be like this on a good day.

The boatman, Donald MacLeod, takes us through the cliff-arches to the west of the island, where you can well believe all the birds in the universe wheel and hide. Next week, I intend to travel to Paris on holiday with my wife Lyndsay, and I have no doubts that the famous Arc de Triomphe will be as nothing compared to this glorious natural arch. How glorious creation is, though I also remember something poignant that the great evangelist and writer Jonathan Edwards once said – "The creation glory is one thing; the redemptive glory another."

On Mingulay itself, friends from the Isle of Skye greet us on the shore with a lit fire and a billy-can of boiling tea – the artist Julie Brook and her husband, the filmmaker Chris Young, and their young children, Winnie, Stella, Arthur and Meredith, who come here each summer for several weeks to camp and live free. What a wonderful choice they've made.

We all walk up the highest peak on Mingulay – the Càrnan – where we can all see as far as the eye can see, and much further than that in memory and thought. It feels, not like the end of our journey, but like the very beginning.

Sloc Hèisegeo, Mingulay

"Nam biodh sibh an seo san t-samhradh nur a bhios na h-eòin innt', 's ann an sin a bhios an sealladh."
A Mingulay child talking about the *creag mhòr* (big rock) to Hector Maclean, a folklore collector who visited the island in 1860. Quoted by Lisa Storey in *Muinntir Mhiughalaigh*.

Leabhar-là (criomagan)
Diary (sketches)

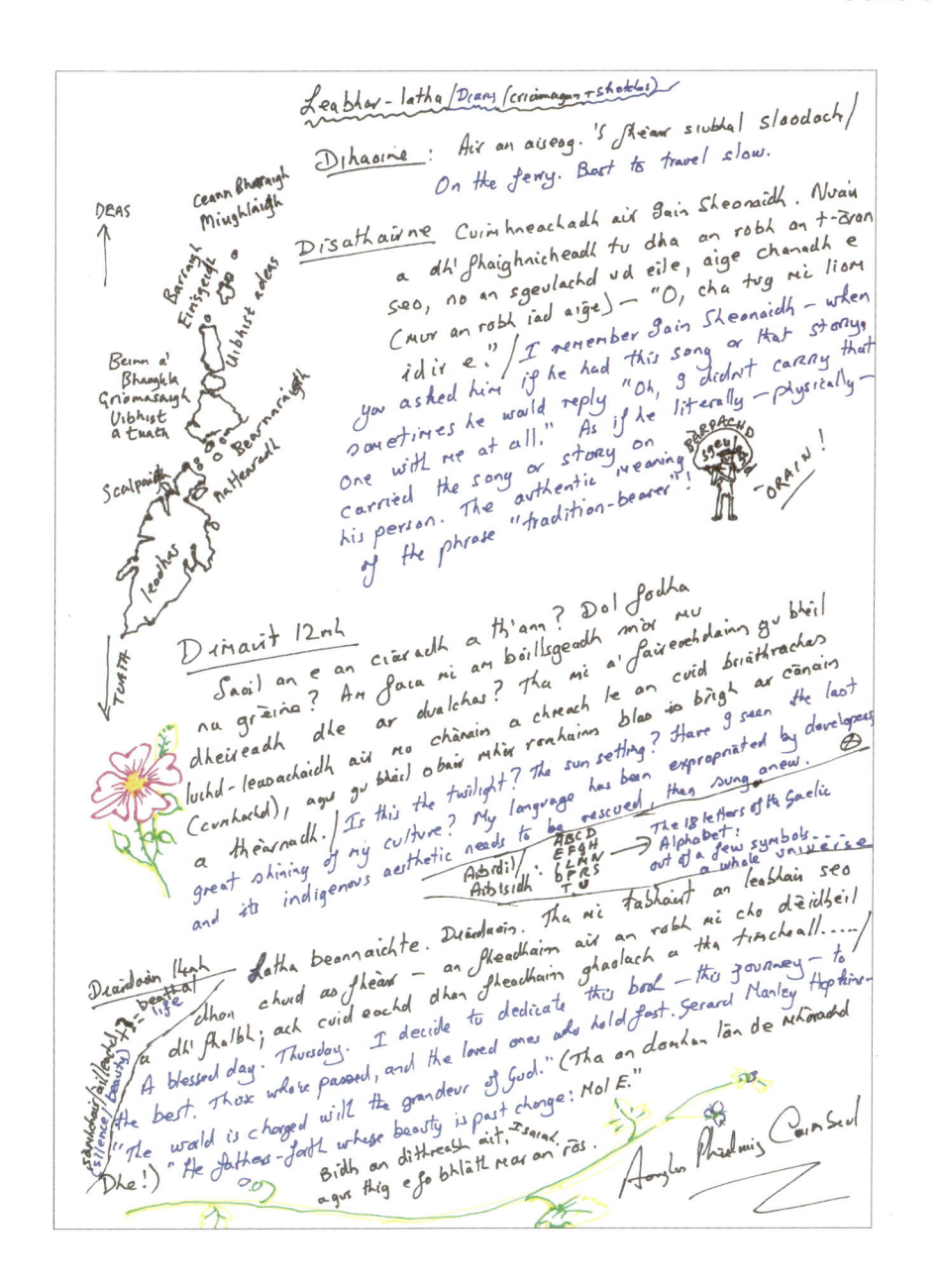